Raúl Sánchez Prieto

EL PRESENTE Y FUTURO EN ESPAÑOL Y ALEMAN

ibidem-Verlag
Stuttgart

Bibliografische Information der Deutschen Nationalbibliothek
Die Deutsche Nationalbibliothek verzeichnet diese Publikation in der
Deutschen Nationalbibliografie; detaillierte bibliografische Daten sind im
Internet über http://dnb.d-nb.de abrufbar.

Bibliographic information published by the Deutsche Nationalbibliothek
Die Deutsche Nationalbibliothek lists this publication in the Deutsche Nationalbibliografie;
detailed bibliographic data are available in the Internet at http://dnb.d-nb.de.

∞

Gedruckt auf alterungsbeständigem, säurefreien Papier
Printed on acid-free paper

ISSN: 1862-2909

ISBN-10: 3-8382-0068-3
ISBN-13: 978-3-8382-0068-2

© *ibidem*-Verlag
Stuttgart 2010

Alle Rechte vorbehalten

Das Werk einschließlich aller seiner Teile ist urheberrechtlich geschützt. Jede Verwertung
außerhalb der engen Grenzen des Urheberrechtsgesetzes ist ohne Zustimmung des Verlages
unzulässig und strafbar. Dies gilt insbesondere für Vervielfältigungen,
Übersetzungen, Mikroverfilmungen und elektronische Speicherformen sowie die
Einspeicherung und Verarbeitung in elektronischen Systemen.

All rights reserved. No part of this publication may be reproduced, stored in or introduced into a retrieval
system, or transmitted, in any form, or by any means (electronical, mechanical, photocopying, recording or
otherwise) without the prior written permission of the publisher. Any person who does any unauthorized act
in relation to this publication may be liable to criminal prosecution and civil claims for damages.

Printed in Germany

CONTENIDOS

Prólogo	5
1. Introducción: la temporalidad presente y futura	7
1.1. La temporalidad verbal	7
1.2. La temporalidad presente	11
1.3. La temporalidad futura	15
2. Descripción del presente y futuro de indicativo en las gramáticas	23
2.1. El presente de indicativo español y su descripción	23
2.2. El futuro simple de indicativo español y su descripción	30
2.3. El *Präsens* de indicativo alemán y su descripción	38
2.4. El *Futur I* de indicativo alemán y su descripción	53
3. El presente español en contraste con el alemán	63
3.1. Notas introductorias	63
3.2. El presente de referencia presente y sus correspondencias alemanas	66
3.3. El presente de referencia pasada y sus correspondencias alemanas	84
3.4. El presente de referencia futura y sus correspondencias alemanas	92
3.5. El presente atemporal y sus correspondencias alemanas	99
3.6. El presente modal y sus correspondencias alemanas	103
3.7. Usos neutralizados y proceso contrastivo inverso	114
4. El futuro simple español en contraste con el alemán	119
4.1. Notas introductorias	119
4.2. El futuro simple de referencia futura y sus correspondencias alemanas	122
4.3. El futuro simple de referencia presente y sus correspondencias alemanas	131
4.4. El simple de referencia pasada y sus correspondencias alemanas	137
4.5. El futuro simple atemporal y sus correspondencias alemanas	139
4.6. El futuro simple modal y sus correspondencias alemanas	142
4.7. Usos neutralizados y proceso contrastivo inverso	149
5. Conclusiones	153
Bibliografía	157

PRÓLOGO

El presente y el futuro son dos tiempos verbales a los que no se suele prestar atención especial en el proceso de aprendizaje del alemán y del español como lengua extranjera por parte de, respectivamente, hispanohablantes y germanohablantes. En efecto, algunas de las variantes de uso de ambos tiempos son en los dos idiomas similares, pero de ningún modo se puede hablar de una coincidencia de usos temporales. Quien haya reparado en estructuras como "si lo sé no vengo" o "no matarás" y en su correspondencias alemanas ("wenn ich das gewusst hätte, wäre ich nicht gekommen", "du sollst nicht töten"), se habrá dado cuenta de que, en ocasiones, las variantes de significado del presente y del futuro simple presentan grandes diferencias.

Esta monografía tiene como objetivo analizar de modo profuso los tiempos presente y futuro simple del indicativo en español y alemán desde una perspectiva contrastiva. El lenguaje y el método empleados huyen de todo formalismo y son comprensibles tanto para germanistas como romanistas.

Dado que metodológicamente la bidireccionalidad en los estudios contrastivos requiriría una gran extensión de tinta y papel, así como un acercamiento más bien verbo-tipológico que no podría presentar resultados válidos para la docencia del alemán o del español como lengua extranjera, se ha optado por describir los dos tiempos anteriormente referidos desde la unidireccionalidad contrastiva partiendo del español. Esta lengua presenta una estructura temporal más compleja en cuanto a formas y usos que la alemana, por lo cual el contraste lingüístico será más productivo tomando del español como lengua de partida. No obstante, en los capítulos centrales del libro dedicados a la comparación se incluye también un apartado denominado "usos neutralizados y proceso contrastivo inverso", en el cual se lleva a cabo una sucinta exposición de las particularidades del contraste de usos temporales si se toma al alemán como lengua de partida.

Anteriormente a la realización de la tarea contrastiva se definen en el primer capítulo las nociones de temporalidad verbal presente y futura, y se exponen en el segundo los diferentes tratamientos que la gramática española y alemana da a las dos formas verbales objeto de análisis.

El corpus (véase bibliografía) utilizado en los ejemplos procede en gran parte de siete novelas españolas o alemanas y sus correspondientes traducciones.

Salamanca, julio de 2009

1. INTRODUCCIÓN: LA TEMPORALIDAD PRESENTE Y FUTURA

1.1. LA TEMPORALIDAD VERBAL

La temporalidad verbal como tal no suele ser descrita en gran parte de las gramáticas de uso, ya que muchos autores parten directamente del tiempo verbal, con lo cual es innecesario diferenciarlo del tiempo físico. De este modo proceden, por ejemplo, Sommerfeldt/Starke (1992), Fernández Ramírez (1986) o Alcina Blecua. Incluso W. E. Bull (1971), el gran teórico de la temporalidad de los años sesenta, no se refiere explícitamente ni define la temporalidad verbal oponiéndola a la física, sino que parte directamente del concepto de "tense" en el sentido anglosajón.

Sin embargo, el gran innovador del panorama lingüístico-temporal, Harald Weinrich, sí destaca en su obra clásica "Besprochene und erzählte Welt" (1994, 7-8) "Tempus" y "Zeit", diferenciando con estos términos el tiempo físico del verbal. Deja entrever que el tiempo verbal está compuesto por una serie de formas añadidas al lexema verbal -que ejemplifica con la ayuda del verbo francés *chant-er-*, con las que se expresan las relaciones temporales tal y como las interpreta el hablante. La novedad radica en que Weinrich divide esas formas verbales en dos grupos, según sean utilizadas para narrar o para comentar. Las formas del mundo narrado serían las de pasado remoto y las condicionales, mientras que las formas del mundo comentado serían las actuales, incluidas las de futuro y perfecto. Esta división de las formas temporales en dos grupos es la gran contribución de Weinrich a la lingüística temporal que ha influido en todas las descripciones posteriores en torno al ser y a la función de la temporalidad verbal.

Otro gran temporólogo, anterior a Weinrich, que ha ejercido gran influencia en los gramáticos modernos ha sido Hans Reichenbach con su "Elements of Symbolic Logic" (1947: 287-298). Este autor defiende que la categoría verbal, es decir, el tiempo verbal, es deíctico y se caracteriza por la descripción de la acción verbal partiendo de puntos temporales dados. Como reconoce Eisenberg (2006: 111):

"Die Explikation der Tempusbedeutungen mit Hilfe von Begriffen wie Aktzeit, Sprechzeit und Betrachtzeit [esto es, de modo deíctico] geht auf die frühe zeitlogische Tempusanalyse von Hans Reichenbach (1947) zurück und wird in prinzipiell vergleichbarer Weise in vielen neuen linguistischen Arbeiten zum Tempus verwendet".

La teoría de Reichenbach analiza el tiempo físico y verbal sin considerar las diferencias estructurales sintácticas y morfológicas existentes entre las formas verbales. Este autor propone para cada forma verbal una red definitoria compuesta por el punto temporal en el cual se produce el acontecimiento, el momento en el que el hablante verbaliza lo acontecido y el punto de vista con el cual enfoca el evento.

El modo de considerar la temporalidad verbal nos permite dividir a los temporólogos de los últimos treinta años en dos grupos: un grupo está formado por aquellos gramáticos que definen el concepto de tiempo verbal de modo deíctico, es decir, recurriendo a la teoría de Reichenbach, y otro integrado por aquellos autores que no aceptan las ideas de Reichenbach y definen el tiempo verbal en oposición única y directa al tiempo real.

Uno de los primeros gramáticos en adoptar y aplicar las ideas de Reichenbach es Guillermo Rojo. En "La temporalidad en el verbo español" (1974, 78) expone que el tiempo verbal o lingüístico, como lo llama él, es el tiempo que resulta de la percepción interna de los acontecimientos y está caracterizado lingüísticamente por su concretización en formas verbales. Para ello es fundamental la precisión de puntos orientativos, que pueden ser no cuantitativos, esto es, de referencias al tiempo físico que expresa. En sus palabras, lo característico del tiempo verbal o lingüístico es "la expresión de la anterioridad, posterioridad o simultaneidad de un hecho respecto a otro y/o a un origen móvil, que, aunque suele coincidir con el momento en que se realiza la comunicación lingüística, no siempre es identificable con él". La misma opinión expone en su contribución conjunta con A. Veiga a la "Gramática Descriptiva de la Lengua Española" de 1999 (pág. 2877). De la misma opinión es Lyons (1977, 678), quien resume y da nombre a lo "característico" del tiempo verbal descrito por Rojo:

"Tense [utilizado en el senido anglosajón del tiempo verbal] in those languages who have tense, is part of the deictic frame of temporal reference".

1. Introducción: la temporalidad presente y futura 9

En esta misma línea se sitúa Werner Bartsch (1980, 95) para quien el tiempo verbal, además de ser un "morphematisches Kennzeichen am Verb", también es una "Bezugsgröße" deíctica que señala el "jetzt" y el "hier" de la acción verbal, esto es, se sirve de puntos de orientación.

Entre los autores que defienden esta posición se encuentran Helbig/Buscha, Zeller, Gutiérrez Araus, Radtke o García Fernández.

Helbig/Buscha (2008, 128) defienden la interpretación de las formas temporales o *Zeitformen* como formas relacionadas de modo indirecto con el tiempo físico que intentan expresar. Apuntan que sus contenidos temporales se organizan en torno a las perspectivas del acto de la enunciación, acto de habla y punto de enfoque o "Betrachtzeit". Esto implica que una acción está anclada en el tiempo mediante puntos temporales. De esta misma opinión también es J. Zeller (1994, 19):

"Das Tempus bestimmt auf der Zeitlinie die Position des Intervalls, innerhalb dessen sich ein Ereignis zuträgt, und zwar relativ zu einer bestimmten Berechnungszeit".

La tesis de que la temporalidad verbal es una categoría deíctica también es defendida por autores españoles de los últimos tiempos. Quizá una de las definiciones más completas sea la ofrecida por Gutiérrez Araus (1997, 14). Define lo que denomina "temporalidad lingüística" como:

"Una categoría gramatical deíctica mediante la cual se expresa la orientación de una situación con respecto a un punto central u origen, o bien con respecto a otro punto que, a su vez, está directa o indirectamente orientado con respecto al origen".

Otros autores en describir el tiempo verbal de modo deíctico son Petra Radtke (1998, 114-117), Luis García Fernández (2000, 24-38) y Welke (2005, 7-18). La primera autora afirma que debe existir un punto de referencia mediante el cual se organice la temporalidad verbal, mientras que el segundo describe el "tiempo gramatical" como la relación entre dos momentos de la línea temporal. Welke, por su parte, realiza un análisis temporal partiendo de "primäre und sekundäre Evaluationszeit" e introduciendo el concepto de "Deixisverschiebung".

También existe un grupo reducido de autores que no hace referencia en sus definiciones del tiempo verbal a la deixis temporal estructurada en torno a puntos de referencia temporales. Ellos describen el tiempo verbal en oposición al tiempo físico o al cronológico. Así, por ejemplo, Vidal Lamíquiz (1972, 73) afirma que el tiempo verbal es tal cuando se inserta un acontecimiento en el "tiempo de la lengua". Según él, el tiempo verbal o lingüístico se "vincula orgánicamente con el ejercicio de la palabra".

La misma opinión defiende G. Marschall (1997, 11 y sig.), para quien el tiempo físico son los "reale Zeitverhältnisse" y el tiempo verbal su "sprachliche Abbildung", vinculados por la lengua. También Hernández Alonso (1979, 223-226) define tiempo verbal de modo similar. Su "tiempo interno" (tiempo verbal) es la medición subjetiva verbal del tiempo exterior.

Alarcos Llorach (2005, 157-158) difiere considerablemente en la interpretación del concepto de tiempo verbal de los tres autores anteriores. Aún así, se le puede considerar como perteneciente a este segundo grupo de gramáticos. Él considera el tiempo verbal como la realización lingüística del tiempo físico a través de las formas verbales, que se organizan en perspectivas temporales, esto es, en tiempos verbales - al igual que el tiempo físico se subdivide en fases temporales.

Otro autor difícil de clasificar es Zifonun et al. (1997, 1686), que define el tiempo verbal (*Tempus*) como una categorización dentro del paradigma verbal. Además las formas verbales son expresadas por un constructo temporal llamado "tempusloser Satzrest" con la ayuda del cual se indican los diferentes significados de los tiempos. Estos significados se ordenan mediante un contexto temporal determinado, en la terminología de Zifonunet al. "zeitlicher Interpretationskontext".

Extrayendo de ambas posiciones los puntos más importantes se puede afirmar que el tiempo verbal o *Tempus* es, al contrario que el tiempo físico, una categoría gramatical que, como el modo, el número, la persona y la voz o *Genus Verbi* integra el paradigma verbal y presenta un inventario de formas que, lógicamente, varía de una lengua a otra. Mediante esas formas, esta categoría gramatical expresa lingüísticamente el tiempo exterior al hablante. Se trata, además, de una categoría de carácter deíctico, en cuanto que esas formas temporales a las que nos referimos se caracterizan semánticamente a través de perspectivas temporales que parten del punto cero de la línea temporal descrita anteriormente: "El tiempo verbal es una categoría gramatical deíctica mediante la cual se expresa la orientación de una situación bien con respecto al punto central (el origen) bien con respecto a una referencia secundaria que, a su vez, está directa o indirectamente orientada con respecto al origen" (Rojo/Veiga 1999, 2879).

Si aceptamos la deixis como criterio descriptivo y adoptamos un punto arbitrario de referencia situado en cualquier punto de la línea temporal, tendremos tres fases temporales: una que incluye la parte de la línea temporal situada antes del punto de referencia, otra que incluye la parte de la línea situada detrás del punto de referencia cero, y otra que coincide con el punto de referencia. Estas tres grandes fases temporales sólo pueden existir porque el hombre ha realizado una segmentación subjetiva, pero las tres pueden ser objetivadas mediante la gramática, mediante las formas verbales que serían de pasado, de presente y de futuro.

A estas tres fases le corresponden diferentes tiempos verbales. Pero, como afirman diferentes gramáticos, hay una clara discrepancia entre forma y significado verbal: los tiempos verbales son polisémicos. En un análisis lingüístico de los tiempos integrantes del sistema temporal de una lengua se deben recoger, por lo tanto, todos los usos temporales de los tiempos, y no sólo su uso central, es decir, el más habitual o el que le da nombre al tiempo.

1.2. LA TEMPORALIDAD PRESENTE

La temporalidad presente es un fenómeno gramatical al que no se le ha dedicado tanta atención como al pasado, ya que es expresado en un principio, en las dos lenguas que nos conciernen, el español y en alemán, por una sola forma verbal. El presente como vector temporal no es, sin embargo, fácil de describir. Al igual que sucede con el pasado, es algo que únicamente se puede expresar a través de la lengua y una vez que el hablante ha interiorizado el tiempo físico o real. Según la línea temporal, el presente sería el momento exacto en el que el hablante emite la aserción, es decir, el punto cero en el que confluyen pasado (situado a la izquierda) y futuro (situado a la derecha) y que no es ni uno ni otro.

Los gramáticos que se han ocupado y se ocupan de definir qué es exactamene el punto de origen presentivo se topan siempre con el problema de que la temporalidad presente, en teoría, apenas dura unos momentos. Sin embargo, el hablante entiende por presente un período temporal más amplio que incluye la inmediatez temporal del punto de origen expandido hacia la izquierda y hacia la derecha.

Por eso muchos autores no se dan por satisfechos con la definición lógica de Reichenbach, para quién el presente es únicamente el momento en el que el *point of event* coincide con el *point of speech*. No obstante, existen gramáticos que aceptan formalmente esta definición por ser más lógica con la teoría temporal. Entre ellos se encuentran Bello, O. Ludwig, H. Vater y L. García Fernández.

Bello (1988, 432) define el presente como época temporal como "la coexistencia del atributo con el momento en que proferimos el verbo". Una definición muy parecida de la que ofrece O. Ludwig (1971, 35): "Das Präsens (...) besagt, dass das durch Präsens bezeichnete Zeitintervall als ganzes weder vor noch nach dem Sprechzeitpunkt liegt".

En las últimas dos décadas esta opinión ha sido mantenida por Heinz Vater (1991, 36), para quien en la temporalidad presente "fallen beide [Ereigniszeit, Sprechzeit] zusammen", y también por L. García Fernández (2000, 38).

Este análisis es, en nuestra opinión, insuficiente por limitarse a describir un punto temporal muy concreto. Existen también otros tipos de temporalidad presente que abarcan un período de tiempo más amplio. Este hecho tampoco es recogido en el análisis que Weinrich (1994, 42) hace del presente. Para él, que aplica al presente su teoría del mundo comentado, el presente "ist das häufigste der besprechenden Tempora und bezeichnet eine bestimmte Sprechhaltung".

Estas definiciones describen el presente como temporalidad de modo lógico y muy restringido. Para otros autores la temporalidad presente no se limita a expresar el punto exacto en el que coinciden acto de habla y momento del acontecimiento, sino que la referencia temporal del presente se extiende a un período indeterminado que abarca ciertos tramos del pasado y del futuro.

Entre ambas posturas está Alarcos (2005, 150), que, por un lado, recoge la postura de Weinrich, y por otro abre levemente la referencia temporal del presente cuando afirma que "es el segmento temporal en el que está incluida la conciencia de la noción verbal con el acto de habla con el cual experimentamos y comunicamos nuestra vivencia".

Bull (1971, 11-14) es uno de los primeros teóricos en describir la temporalidad presente como el intervalo de las actividades actuales, las "today's activities" simultáneas, del cual resultan un "point of present", que sería la temporalidad tal y como la concibe Reichenbach, esto es, el punto temporal exacto en el que se cruzan "point of event" y "point of speech", y un "extended past", o presente que abarca tramos del pasado y del futuro.

La postura de Admoni (1970, 183) es similar:

"Die grammatische Gegenwart beschränkt sich nicht auf den Redemoment. Alle Zeitabschnitte, die den Redemoment mit einbeziehen (...) gehören zur grammatischen Gegenwart".

Para Admoni, además, el presente es la pieza central del sistema verbal temporal. De esta misma opinión son Grewendorf (1984, 224-240), Eisenberg, Zifonun et al. y Alcina/Blecua (1998, 787-788).

De esta manera afirma Eisenberg (2006, 120): "Es gibt kein anderes Tempus, das in Sätzen mit ähnlichen unterschiedlichen Zeitbezügen vorkommt wie das Präsens".

Tampoco para Zifonun et al. (1997, 1692-1697) fija el presente una referecia temporal clara. Su significado depende, en cada caso, del "ZIK" o "zeitlicher Interpretationskontext". De un modo similar se expresan G. Rojo (1974, 94-96) y Bustos Gisbert (1995, 146). Este último autor nos ofrece una definición vectorial del presente, que define como "un segmento temporal que se prolonga, o puede prolongar, antes y después de ese MH". Por "MH" entiende el punto de origen.

Otros gramáticos no se refieren a la temporalidad presente, sino a un conglomerado de diferentes usos lingüísticos de variantes de significado. Es decir, no analizan la *Zeitstufe* de presente en sí, sino que pasan directamente a ocuparse de la forma verbal de presente / *Präsens*. Es el caso de Helbig/Buscha (2008, 130), Ivanova (2004, 158) o Dieling/Kemptner (1983, 29-30), quienes describen el presente com un "unmarkiertes Tempus", le confieren el primer lugar en el orden de aprendizaje de los tiempos verbales ("1. Behandlungsstufe") y lo dividen sin más en varias variantes de significado.

Existe otro pequeño grupo de gramáticos, entre los que destacan Bartsch (1980, 60), Park (2003, 65), Engel (2004, 214-215, 265) y Zeller, que no atribuyen al fenómeno del presente carácter temporal alguno. Engel resume su posición de la siguiente manera:

"Dem Präsens ist mit zeitlichen Merkmalen schlechterdings nicht beizukommen (...) Vom Zeitlichen her kann das Präsens höchstens negativ definiert werden" (Engel 1988, 495).

Zeller (1994, 54) llega a la misma conclusión, y dice:

"Es liegt keine morphologisch präsente Form vor, die als Korrelat einer wie auch immer definierten Präsensbedeutung fungieren könnte. Man muss also, wenn man von einem Tempus 'Präsens' sprechen will, auf jeden Fall von einer morphologisch leeren Kategorie TNS ausgehen"[1].

También hay temporólogos que analizan la *Zeitstufe* de presente desde un ángulo distinto: no hacen referencia a un intervalo más o menos amplio de tiempo en el que coinciden acto de habla y momento del acontecimiento, sino que describen el presente como una forma actual. Lyons (1977, 678) habla del presente como de un "non-past tense", Erben (1980, 85-98) afirma que pertenece al plano del "nunc" o actual, es decir, que tiene una relación directa con lo dicho y lo ejecutado.

Para Lamíquiz (1972, 76) el presente expresa la referencia actual de la realización del acontecimiento como contemporánea al momento de habla. Se trata de una referencia axial, y, como tal, temporal. Coseriu (1976, 94) llega a una conclusión muy similar: el presente es una *Zeitstufe* actual y paralela. Por su actualidad se opone al pasado remoto, al futuro condicional y al imperfecto, y por su paralelismo a los tiempos de pasado y futuro no paralelos. También Nelson Cartagena (1977, 7) expone el presente como un plano temporal actual.

De todas estas opiniones, algunas encontradas, otras complementarias, se pueden extraer algunas conclusiones. Parece defendible sostener que la *Zeitstufe* de presente no sólo indica aquel punto temporal en el cual coinciden pasado y futuro, esto es, el punto cero, en el que el momento de la emisión fónica y el momento de la acción se sobreponen. No tendría sentido una forma temporal que sirviera para expresar un solo punto de la cadena temporal que dura milésimas de segundo.

En este sentido creemos que es más adecuado aceptar una amplia referencia léxico-temporal para el presente. Por otro lado está claro que la temporalidad presente y la forma que la expresa, presente en español y *Präsens* en alemán,

---

[1] Por "TNS" entiende la fórmula generativista que designa la categoría sintáctica del tiempo ("tense").

contribuyen a una "entspannte Rezeptionshaltung", es decir, es un "besprechendes Tempus" en el sentido de Weinrich.

El tiempo presente en sí es un conglomerado de diferentes usos o variantes de significado que no siempre expresan temporalidad presente (Musan 2002, 9). Este problema de "usos dislocados" es común a todas las demás formas verbales temporales.

De todos modos, la gran riqueza de significados temporales propia del presente no debe interpretarse como una falta de temporalidad: todas las variantes del presente - que representa la *Zeitstufe* de la *Gegenwart* - tienen temporalidad, bien sea de presente, de pasado, de futuro o general (Schlegel 2004, 92ss.), y los usos no dislocados, esto es, aquellos más habituales e inmediatos, presentan una temporalidad bien definida, en cuanto que expresan un período más o menos largo de tiempo en el que se desarrolla una acción verbal que el hablante interpreta como presente, aun cuando haya comenzado en un momento anterior al ahora y vaya a finalizar en un momento posterior al acto de habla.

Si esto no fuera así, las únicas formas verbales capaces de expresar temporalidad presente serían las formas progresivas formadas por el verbo "ser" y el gerundio en español, o el verbo "sein" y el complemento circunstancial "am + Infinitiv" en alemán.

1.3. LA TEMPORALIDAD FUTURA

La temporalidad futura es la fase temporal más difícil de definir, en cuanto que se refiere a lo que aún no ha sucedido, a lo que no ha sido. Es un término que sólo existe y tiene sentido en lo gramatical, ya que el tiempo real o físico no diferencia fases temporales, en cuanto que es un continuo sobre el cual el hombre no puede ejercer influencia. Una vez interiorizado el tiempo físico, el ser humano adopta una estructura tripartita gramatical en la cual el futuro ocupa el tercer lugar. Según la línea temporal, el futuro es el vector temporal situado a la derecha del punto temporal en el cual se emite el enunciado con el cual el hablante se refiere a una acción que aún no ha tenido lugar pero que éste espera que se produzca.

El futuro es el extremo opuesto al pasado. Pero si bien el ser humano, por su experiencia, puede matizar y precisar de forma detallada el pasado, sobre el futuro apenas puede actuar, únicamente ha de limitarse a verlo y a situar en él cualquier acción o proceso. Por esta razón, mientras el tiempo pasado dispone de varias formas verbales para indicar los distintos matices temporales, el futuro propiamente dicho sólo dispone de una o de dos, tanto en español como en alemán o en cualquier otra lengua occidental.

Los estudios gramaticales sobre el pasado son mucho más numerosos que los escritos sobre el futuro. A esto hay que añadir el hecho de que no todos los gramáticos consiguen separar tiempo de futuro en el sentido de época futura (*Zukunft, future time*) de forma temporal futura (*Futur, future*), ya que, como se ha señalado, el futuro es indicado gramaticalmente por una o a lo sumo dos formas verbales, de tal manera que se produce una equiparación automática entre tiempo futuro (*Zukunft*) y forma temporal futura (*Futur*). Esto sucede incluso en autores modernos (véase Zeller 1994, 103).

La descripción del futuro como época temporal parte tanto en español como en alemán de cuatro autores básicos: Reichenbach, Bull, Weinrich y Saltveit.

Los dos primeros inician la corriente de los temporalistas, es decir, de aquellos gramáticos que ven en el futuro como época temporal y como tiempo un dominio del significado temporal frente al irreal - no se debe olvidar que la futuridad es, en sí, pura irrealidad, es algo que aún no ha pasado y de lo que no se sabe nada -. Weinrich, por su parte, introduce el concepto de "besprochen" en el análisis del futuro.

Saltveit (1960, 48-49) inicia una corriente contraria a la de los temporalistas. Él defiende la modalidad como principio descriptivo básico del futuro. Es el primero de los modalistas, corriente descriptiva a la que pertenecen en la actualidad gran parte de los gramáticos, especialmente muchos alemanes.

Para Reichenbach (1947, 290) el futuro es la época temporal en la que el "point of speech" o momento de habla precede al "point of event" o momento del acontecimiento. El "point of reference" o punto de enfoque es simultáneo al momento del acontecimiento. Esta definición del futuro es recogida y ampliada por Bull (1971, 13), para quien el futuro es "what is yet to happen". El significado del futuro implica una "anticipation" con respecto a una acción del pasado o

1. Introducción: la temporalidad presente y futura   17

del presente. Bull adopta de esta manera una posición temporalista, concediéndole al futuro el estatus de época temporal y a la forma de futuro un significado predominantemente temporal.

Weinrich (1994,63), en las pocas páginas que dedica al futuro, acepta implícitamente la consideración del futuro como época y tiempo verbal, ordenándolo como un tiempo perteneciente al grupo de los "besprechende Tempora". El futuro es la "vorausschauende Perspektive", e indica "vorweggenommene Information". Weinrich intenta evitar pronunciarse en torno a la cuestión de considerar del futuro como un tiempo o un modo, pero con su descripción del futuro como información anticipada se sitúa claramente al lado de Bull, Reichenbach y los temporalistas.

Igualmente temporalista son los análisis temporales de Grewendorf (1982, 229), Dieling (1983, 37), G. Marschall (1997, 14 y sig.), Radtke y Welke. Radtke (1998, 169) describe el futuro mediante las coordenadas apuntadas por Reichenbach, por una parte, y Weinrich, por otra. Para Welke (2005, 448) "die Bedeutung Zukunft ist die originäre Bedeutung". Niega explícita y tajantemente cualquier carácter modal del futuro.

En el mundo hispanohablante la posición temporalista parte del análisis de Andrés Bello. A Bello (1988, 457) la modalidad no le parece algo propio de los futuros, sino más bien una cuestión de variación semántica perfectamente regulada por el contenido temporal del propio futuro y por el entorno o los tipos de contexto en los que aparece. Pero esto no es óbice para que se alteren los valores temporales del futuro.

Esta posición es recogida en España por teóricos como Lamíquiz (1982), Trujillo (1988), Porto Dapena (1989), Gili Gaya (1990), López García (1998) y Blas (2000).

Gili Gaya (2002, 152) explica en su "Curso Superior de Sintaxis Española" que la confusión entre futuridad y modalidad radica en el carácter inseguro y problemático del futuro. Esto "le hace confundirse a menudo con la irrealidad modal del subjuntivo hasta el punto de crear dificultades en discernir lo modal de lo temporal". Él, no obstante, atribuye al futuro un carácter predominantemente temporal.

Lamíquiz (1982, 44) define el futuro como el tiempo que expresa que el acontecimiento no ha tenido lugar aún, pero que lo tendrá en una época posterior al momento de habla. Su definición, de carácter exclusivamente temporal, es muy similar a la que nos ofrece Porto Dapena (1989, 52), para quien el futuro como tiempo verbal, y por extensión como época temporal, indica posterioridad al momento en que se habla. El futuro, afirma explícitamente, "posee fundamentalmente carácter temporal", aunque en algunos casos se puede encontrar algún matiz secundario de modalidad.

Más tajante en su tesis temporalista es Trujillo (1988, 416), para quien los futuros -con ello hace referencia a las formas temporales- en circunstancias neutras se comportan como tiempos sin más, sin componente modal alguna.

En los últimos años los autores españoles que se han ocupado más intensamente del futuro han sido López García (1998, 364) y Blas Arroyo (2000, 179). Para el primero, "el futuro manifiesta lo que ha de ser, lo que se ha de hacer o lo que ha de suceder en adelante". El segundo procede a realizar un análisis empírico de la temporalidad futura basada exclusivamente en lo temporal, obviando otras consideraciones de más difícil evaluación como el posible carácter modal de los enunciados.

Frente a esta corriente temporalista surge a principios de los años sesenta la corriente modalista[2]. Los modalistas defienden que el futuro presenta sobre todo carácter modal, y que la temporalidad juega un papel secundario. La tesis modalista fue iniciada por Saltveit (1960, 46-65). En su artículo "Besitzt die deutsche Sprache ein Futur?" pone en entredicho la futuridad de la forma de futuro simple alemana, con importantes consecuencias para la definición del futuro como fase temporal. Para Saltveit el futuro es un modo verbal que, secundariamente, indica temporalidad.

Esta opinión ya había sido anticipada por Paul (1920) y Behaghel (1924), pero para Saltveit es básica, ya que él atribuye carácter futuro al *Präsens* y modal al *Futur*.

Admoni (1970, 189) se aproxima en su descripción del futuro a Saltveit cuando afirma que "in der Sphäre der Zukunft gestaltet sich der Gebrauch der

---

[2] Confais (1990, 266-270) ofrece una de las mejores visiones panorámicas de futurismo y modalismo en su capítulo "Le future allemand".

Zeitformen etwas anders als in den späteren Zeitsphären. Das Wesentlichste dabei ist die mächtige Entwicklung der modalen Bedeutung".
Lyons (1977, 677) modifica un ápice la definición de Admoni. El gran teórico de la lingüística moderna afirma:

"The future is not like the past from the point of view of our experience and conceptualization of time. Futurity is never a purely temporal concept; it necessarily includes an element of prediction or some related modal notion".

Su definición se refiere a la *Zeitphase* del futuro, además de a las formas verbales en sí.

El autor que más y mejor ha defendido la tesis modalista es H. Vater (1975, 1983, 1991, 1997). Este autor atribuye al futuro un carácter modal primario. El futuro, expresado en alemán por la perífrasis "werden" + infinitivo, se comporta, según Vater (1983, 205), sintáctica- y semánticamente como cualquier otro verbo modal:

"Man kann also davon ausgehen, dass werden + Inf wie andere Modalverb-Konstruktionen mit zur Bezeichnung von Zukünftigem herangezogen wird".

El futuro como fase temporal en sí es, por definición, modal. Si el componente modal no es muy elevado este tipo de futuro puede ser expresado por el *Präsens*. Con esto Vater distingue dos sistemas futuros: el futuro completamente modal, expresado en alemán por "werden" + infinitivo y en español por el futuro simple - que no es más que otra perífrasis verbal formada por infinitivo + haber -, y el futuro parcialmente modal, expresados por formas de presente.

Brons-Albert (1982, 65-70) corrobora mediante un análisis estadístico que las formas de futuro muestran en su mayoría cierto carácter modal. Dorfmüller-Karpusa (1983, 7) habla de "temporalisierte Modalität", Dittmann (1976,141) de "Zukunft als Funktionspotential" con matiz de suposición o deseo. Son diferentes formas de otorgar al futuro un carácter modal.

Algunos autores como Bartsch (1980, 79 y sig.), consecuentes con su postura modalista, analizan el futuro incluso en el capítulo dedicado a los verbos modales, concediéndole el epíteto de "potentiell".

Uno de los últimos grandes trabajos sobre gramática alemana, el de Zifonun et al. (1997, 1699-1700), defiende igualmente la tesis modalista, aunque no llega a analizar el futuro como un modo, tal y como hace Bartsch.

En español la tesis modalista no ha tenido tanta repercusión, pero sí existen representantes que defienden el carácter modal del futuro. Dos de ellos, Alarcos Llorach y Alcina/Blecua, son los autores de dos de las gramáticas de uso más conocidas del español.

El modalismo fue introducido en España en época temprana por H. Meier. Este autor (1966, 62) define el futuro como algo condicional, esto es, profundamente modal:

"El hombre (...) predispone de lo futuro, ya pronosticando, ya planeando. Así, toda expresión de futuridad tiene, en el fondo y por naturaleza, un carácter condicional".

Alarcos Llorach, en sus diferentes trabajos sobre la temporalidad, recoge este pensamiento, clasificando el futuro como "modo condicionado" o "potencial" definido por "los hechos aludidos por la raíz verbal como sometidos a factores varios que los harán posibles" (2005, 154). De la misma opinión son Alcina/Blecua (1998, 798-799), para quienes futuro y modalidad son inseparables.

Prácticamente los únicos autores que llegan a describir el futuro con ayuda de las dos tesis son Guillermo Rojo (1974, 114) y Rojo/Veiga (1999, 2894), que definen el futuro con ayuda de las perspectivas temporales de Reichenbach de modo futurista, pero siempre teniendo en cuenta que el futuro, como tiempo, está muy ligado a la modalidad.

En este trabajo se parte de que la época futura/*Zukunft* está integrada por tiempos verbales, y no por modos. Se rinde el significado de lo que pasará en un futuro. El reconocimiento del futuro como un modo haría imposible mantener un esquema temporal simétrico en el que el punto de origen o punto cero ocupa el lugar desde el cual el hablante mira y mide la acción del verbo.

No obstante, se debe admitir que la futuridad en sí es algo irreal, pues, si del presente y del pasado tenemos conocimiento, acerca del futuro sólo podemos realizar hipótesis, suposiciones y planes. Este matiz irreal o hipotético le confiere al futuro un matiz claramente modal no presente en ninguna de las otras dos fases temporales anteriormente analizadas.

Sin embargo, esto no es motivo suficiente para negarle al futuro el estatus de tiempo o tiempos verbales. También ha de recordarse que la expresión de la futuridad no es algo exclusivo del tiempo futuro/*Futur I*. Al contrario que en otras fases temporales, la expresión más usual del futuro es, tanto en español como en alemán, el presente/*Präsens*. El español dispone, así mismo, de la perífrasis "ir a + infinitivo" para expresar el futuro de planificación.

Al igual que sucede con el pasado, el futuro, abierto de modo infinito hacia la derecha, puede ser dividido en, al menos, dos fases temporales, una inmediata y otra mediata, representadas respectivamente por el presente/*Präsens* y el futuro/*Futur I*, y en un tipo de futuridad modal, indicada bien por el futuro/*Futur I* o por el futuro perfecto/*Futur II* en los casos en los que ese futuro modal se refiera al pasado.

2. DESCRIPCIÓN DE PRESENTE Y FUTURO EN LAS GRAMÁTICAS

2.1. EL PRESENTE DE INDICATIVO ESPAÑOL Y SU DESCRIPCIÓN

El presente es la forma verbal temporal más familiar e inmediata a hablante y oyente, y por esta razón es casi exclusivamente la primera en ser tratada en las gramáticas y en los estudios referentes al tiempo verbal. Al igual que los expertos muestran diferentes opiniones en lo concerniente a la composición del sistema temporal, también existe una gran disparidad de opiniones acerca de la cuestión de cómo hay que analizar y definir el presente.

Comencemos por ofrecer una definición de mínimos basada en las características externas del presente: se trata de una forma simple que tiene como terminación una -o. Es el tiempo más usado y el primero en ser aprendido tanto por los hablantes nativos en el proceso de adquisición de la lengua materna como por los estudiantes de español como lengua extranjera.

Las demás cuestiones, que relacionan el presente con un punto axial determinado o con una u otra temporalidad, están sujetas a discusión. La gran cantidad de esquemas diferentes propuestos para el presente español responde, en gran medida, al concepto de sistema temporal que desarrolle cada autor. Habrá, cabe suponer, estudiosos que definan el tiempo que ahora nos ocupa valiéndose únicamente del tiempo; del tiempo y del aspecto; del tiempo y la narratividad; del tiempo, la narratividad y el aspecto; que incorporen criterios pragmáticos o modales, etc. Esas definiciones de tiempo pueden entenderse, por su parte, como el único uso temporal del presente, o como el significado básico que es completado por otros secundarios.

A este respecto los expertos solamente pueden tomar tres posiciones: bien postulan un único uso temporal que coincide con la definición de la forma verbal, bien argumentan un significado básico acompañado de otros usos, o bien describen el tiempo sin proponer un significado básico.

Los autores que hacen coincidir definición de presente con significado único están en franca minoría. Citaremos aquí a dos, Alarcos y Bustos Gisbert. Alarcos Llorach habla en un estudio de 1949 (1949, 63) y en sus "Estudios de gramática funcional del español" (1970, 65) de un valor general para el presente, no analizando después ningún valor secundario. Lo define como "el miembro no marcado de todas las correlaciones que forma. Todas sus características son negativas: 1. No indica matiz modal; 2. No indica tiempo pasado (realizado); 3. No indica tiempo futuro (realizable)".

De opinión semejante es Bustos Gisbert (1995, 146), para quien el presente es "un segmento temporal que se prolonga, o puede prolongarse antes y después de ese MH", representando MH el punto origo.

La mayor parte de los temporólogos, sin embargo, apuntan varios usos del presente partiendo de un uso básico que define la forma verbal. Ese uso básico puede ser de temporalidad presente, o no estar definido. Entre los autores que otorgan al presente una temporalidad básica se encuentran A. Bello (1988, 432), que como significado fundamental del presente aduce "la coexistencia del atributo con el momento en que proferimos el verbo", G. Rojo (1974, 94), para quien el "valor inicial del presente es (...) el de indicar una acción simultánea al origen", el Esbozo de la RAE (1973, 464) para cuyos autores "denota coincidencia de la acción con el momento en que hablamos", Ureña (1967, 151) o Rodríguez Vida (2000, 16).

Otros autores postulan como uso básico del presente la no definición de temporalidad, esto es, la extensión de la significación del presente, que "abarca parcelas de pasado y/o futuro, manifestando un espacio, más o menos vasto, de diferentes procesos" (Hernández Alonso 1996, 422). Es decir, el presente actúa como un "comodín para todas las funciones imaginables" (Lorenzo 1980, 156). De esta misma opinión son también Alcina/Blecua (1998, 787-788), que califican a esta forma como "una de las más abiertas y flexible por el número de situaciones en que puede emplearse", y otros autores como Porto Dapena (1989, 46), S. de la Torre (1991, 84), Calvo Pérez (1996, 45-46) y M. Morera (1999, 181).

La tercera posición que se puede adoptar es la de describir el presente y sus usos temporales sin apuntar ningún significado básico, sino pasando directamente a analizar las variantes de significado y sus contextos, de tal manera que no exista jerarquía de usos (uso primario vs. usos secundarios). Es la posición preferida por, entre otros, Bull (1971, 79-85), Rallides (1971, 55-58), Fernández

Ramírez (1986, 212-238), Cartagena/Gauger (1989, 384-392), Araña/Aísa (1997, 83-84), Marcos Marín (1998, 211-213) y Vera Morales (2004, 329-331). Los autores pertenecientes a las posiciones dos y tres describen el presente valiéndose, por lo tanto, de usos o variantes de significado. Respondiendo en gran medida a su concepción de sistema temporal, ordenan las variantes de significado de modo temporal, temporal-aspectual, temporal-pragmático, temporal-aspectual-pragmático, y temporal-(aspectual)-narrativo. Para facilitar la exposición, hablaremos de tres grupos de esquemas: los que ordenan las variantes por el tiempo, los que lo hacen por el tiempo y el aspecto o tiempo y criterios comunicativos, y quienes prefieren hacerlo incluyendo la narratividad.

Esquemas del presente ordenados por la temporalidad

Son numerosos los autores que postulan diversas variantes de significado casi exclusivamente temporales. Sánchez Márquez (1972, 333-334) señala el mínimo de dos variantes, que responden a una temporalidad presente o "de valor puntual", que él denomina "presente como tiempo absoluto" y a una transposición del valor puntual hacia el pasado del futuro, que llama "presente como tiempo relativo". El mismo esquema ya se encontraba en Ureña (1967, 151 y sig.), que extiende las transposiciones hacia el futuro y el pasado de Sánchez Márquez a dos variantes, el "presente histórico" y el "presente por futuro".

No pocos autores señalan en su esquema temporal presentivo además del presente de significado actual, pasado y futuro, una variante atemporal. De esta manera encontramos en el inventario de usos temporales del presente de la gramática de Alcina/Blecua (1998, 788-796), publicada por primera vez en 1975, cuatro variantes: la primera aglutina al presente actual y habitual, que comparten sus coincidencias temporales con el origo. La segunda es atemporal o gnómica: "El presente gnómico se emplea para comunicar los hechos y las observaciones de la experiencia, con validez fuera todo límite temporal". Se usa, por consiguiente, en refranes, proverbios, etc., así como en definiciones y en verdades universales. La tercera variante es el presente prospectivo, dentro del cual distingue cuatro usos pragmáticos, entre ellos el presente prospectivo con valor de mandato o "futuro de proyecto", y la cuarta el "presente por pasado", el cual no sólo abarca el presente histórico sino también el presente de conato, en el cual "la acción se sitúa en el pasado, y no llega a realizarse".

Las mismas variantes de significado que Alcina/Blecua pero sin subvariantes presentan los esquemas de Matte-Bon (1995, 14 y sig.) y Di Tullio (1997, 227).

Kattán-Ibarra (1997, 78-79) incluye el presente gnómico dentro de su "reference to the future time" y otorga el grado de variante de significado al presente prospectivo de valor de mandato de Alcina/Blecua, al que pone el nombre de "as an imperative", con lo cual se encuentran también cuatro usos diferentes.

S. de la Torre (1991, 84 y sig.) mantiene también el mismo número de variantes de significado, aunque no habla de verdades intemporales y dobla el presente con relación directa con el presente del hablante en un presente habitual y un presente actual, que puede ser neutralizado en la mayor parte de los casos por la forma continua del presente "estar" + gerundio.

El Esbozo de la RAE (1973, 464-465) separa todas las variantes a las que hemos hecho referencia hasta el momento y habla de un esquema séxtuple que en realidad es quíntuple. Distingue el presente que indica la acción en su transcurso, el presente en que "enunciamos los juicios atemporales", el presente histórico, el presente utilizado para "designar acciones venideras" y el presente de mandato. El sexto uso, "como tiempo relativo medido desde el futuro, que adquiere también significado futuro y es frecuentemente usado en oraciones temporales, puede ser incluido en el uso que designa acciones venideras".

Gili Gaya (2002, 155) desdobla el presente presentivo en actual y habitual, con lo que el lingüista ilerdense ofrece seis variantes de significado: presente atemporal, actual, habitual, histórico, futuro e imperativo. Una variante más, en total siete, se puede encontrar en Marcos Marín (1998, 213) y en "Los tiempos verbales" de Rodríguez-Vida (2000, 16), la referencia a las construcciones condicionales de valor de futuro ("si mañana hace buen tiempo, iremos a la Sierra") o de pasado ("si no es por ti, me castigan").

Todos estos autores, propongan dos, tres, cuatro o siete usos del presente, organizan la descripción temporal de la forma verbal que nos ocupa de un modo eminentemente temporal y modal. Otro ejemplo es Vera Morales (2004, 329ss), quien presenta cuadros temporales similares a los anteriores pero desde una visión contrastiva.

2. Descripción de presente y futuro en las gramáticas

Esquemas del presente ordenados por tiempo y aspecto

Otros autores no se conforman con presentar los usos del presente organizados de forma temporal, sino que su diferenciación de usos está motivada explícitamente también por el aspecto y/o la pragmática. De esta manera ofrecen esquemas con variantes de uso que no sólo responden a criterios temporales, como los anteriores, sino que también son de índole aspectual, como el presente durativo o el cíclico, o pragmática, como el presente de aprobación. En este grupo analizaremos primero las propuestas que únicamente consideran tiempo y aspecto, que son más numerosas, y después las que consideran tiempo y criterios pragmáticos o las tres dimensiones, tiempo, aspecto y criterios pragmáticos.

Dejando de lado a O. Kovacci (1992, 80), cuyos valores temporales del presente únicamente responden a la aspectualidad en un subuso, el representante más conocido y que aplica tiempo y aspecto es Rojo (1974, 94-96 y 1999, 2900). Su fórmula "OoV" presenta como usos rectos temporalmente definidos el presente habitual y el atemporal y como usos aspectualmente encontrados el presente puntual y el actual. Afirma que la orientación primaria del presente "puede perfectamente combinarse con diversos matices de contenido aspectual" (1999, 2901). Además habla de dos usos dislocados presentivos, el presente histórico y el prospectivo.

Este esquema es adoptado sin cambio alguno por Araña/Aísa (1997, 83-84), readaptado por Felixberger (2005, 219) y repetido por R. Sarmiento (1997, 201), quien no obstante añade un presente performativo o de mandato y un presente "como tiempo relativo, medido desde el futuro", con lo cual eleva el número de variantes de significado a ocho, las mismas que tienen Pérez Rioja (1971, 333-334), dos de las cuales son marcadamente aspectuales, y Roca Pons (1985, 219), cuya variante de contenido aspectual más fuerte es el presente resultativo, "que se refiere a un hecho pasado cuyas consecuencias perduran en el momento actual".

Unos pocos autores incluyen junto al tiempo y al aspecto otros criterios pragmáticos en la distinción de usos del presente. Uno de los autores más conocidos que proceden de esta manera es W. E. Bull (1971, 80). Bull distingue para su "present imperfect" por una parte "systemic functions" y por otra "non-systemic functions".

Dentro de las funciones sistémicas encontramos un presente en progreso, un presente sustituto de futuro y un presente cíclico. Cada uno de estos usos está integrado por subvariantes que responden a criterios pragmáticos como el subuso definido como "the speaker perceives and reports an event which the hearer cannot observe" o "neither the speaker nor the hearer observes the event during verbalization".

Lo mismo sucede con las "non-systemic functions", donde encontramos los siguientes usos temporales, aspectuales y pragmáticos: presente general ("the subject is abstract and cannot perform an event in time and place"), presente performativo, progresivo, hipotético, perfectivo, histórico y de conato.

De estructura más clara es la exposición de los usos del presente de Hernández Alonso (1996, 422-427), para quien el presente tiene nueve usos temporales, aspectuales y pragmáticos: el presente habitual, permanente, persistente, actual, puntual, histórico, futuro, imperativo y de conato.

Una clasificación similar de los usos de presente la encontramos en Hernando Cuadrado (1994, 117-119), donde las variantes pragmáticas tienen más importancia que en los estudios anteriores, y en Sastre Ruano (1995, 29-34).

El último autor que comentaremos y que se basa en el tiempo y en el aspecto para organizar los usos del presente es M. Morera (1999, 181 y sig.). En el capítulo dedicado al adverbio demostrativo-temporal "-o" de su gramática semántica, tras afirmar que el presente "dure más o menos es una circunstancia que depende de su significación léxica", divide los usos de la forma en dos grupos. En el primero están recogidas las variantes de temporalidad presente, son las "funciones lógico-designativas de deixis física", a saber, el presente habitual, el presente habitual, el presente general u omnitemporal y el presente actual. El segundo recoge el pasado o las acciones proyectadas al futuro. Se trata, por lo tanto, de una descripción del presente de base semántica, temporal y aspectual.

Esquemas del presente ordenados por tiempo y narratividad

La mayor parte de los estudios que analizan el presente y proponen su división en variantes de significado no tienen en cuenta el criterio de la narratividad o actualidad, ya que el presente es el tiempo del ahora y está ligado directamente al diálogo. Sin embargo, como señala F. Ramírez (1986, 217-221) existe algún uso marcado primariamente por la narratividad. Se trata del presente histórico en sí, que él llama "usos narrativos" del presente histórico en contraposición a los "usos coversatorios", también denominados presente escénico.

Para Porto Dapena (1989, 46-52) la narratividad es un criterio secundario muy importante que complementa al eje central temporal. Este autor presenta un esquema con nueve variantes de significado divididas en "usos normales" y "usos dislocados".

Uno de los esquemas más completos se halla en M. P. Garcés (1997, 14-25). Esta autora distingue variantes de significado apoyándose en la temporalidad, el aspecto, criterios pragmáticos y narrativos. De esta manera encontramos un presente actual, habitual, atemporal, histórico de uso en la narración y en el lenguaje conversacional, un presente por pasado, un presente de futuro y otro de mandato. Cada uso lo completa con una amplia gama de contextos pragmáticos donde pueden aparecer.

Interesantes son también las exposiciones inclasificables de Rallides (1971, 55-58), que propone un uso secuencial y otro no secuencial del presente, y la de Cartagena/Gauger (1989, 384-392), quienes adaptan al español las dieciseis "Verwendungsweisen" que Wunderlich (1971, 114-116) propone para el alemán, entre las cuales las hay de contenido pragmático, temporal, aspectual y narrativo, aunque sin orden lógico alguno.

En general, los autores estudiados anteriormente están de acuerdo en conceder al presente una validez temporal que traspasa las fronteras del ahora, penetrando en el pasado y en el futuro. De esta forma, si prescindimos de problemas terminológicos, podemos decir que el presente muestra usos presentivos, pasados, futuros y atemporales, además de modales. Cada uno de estos usos o variantes de significado básicas está seguramente compuesto por subusos de contenido aspectual, pragmático o incluso narrativo.

2.2. EL FUTURO SIMPLE DE INDICATIVO ESPAÑOL Y SU DESCRIPCIÓN

El futuro simple es una forma verbal que, como el presente, posee una referencia terminológica directa a una época temporal o tiempo físico, el futuro. Mientras que en alemán los dos conceptos son fácilmente reconocibles debido a una denominación clara -al tiempo se le dice "Futur", a la época temporal "Zukunft"-, en español es necesario aclarar cada vez de qué concepto se habla cuando se utiliza el vocablo "futuro". Por esta razón llamaremos en este trabajo al tiempo verbal "futuro simple", denominación que la opone no sólo al futuro como *Zeitstufe*, sino al tiempo futuro compuesto.

El futuro simple se reconoce fácilmente por su terminación en "-é", que paradójicamente se trata de la sintetización de una perífrasis verbal del latín vulgar que une el infinitivo del verbo principal con el verbo auxiliar "habeo" , con lo cual estamos ante un tiempo en principio compuesto y analítico.

No obstante, prescindiremos de elucubraciones morfológicas no relevantes en esta exposición y nos centraremos en la semántica temporal del futuro simple. Tampoco analizaremos otras clases de expresiones con contenidos futúricos, como es el caso del futuro analítico formado por "ir a + infinitivo", que según dependa del autor tiene funciones temporales semejantes o diferentes a las del futuro sintético.

Los contenidos temporales del futuro simple han sido objeto de un concienzudo análisis por parte de todos los temporólogos y gramáticos, sin que se haya podido llegar a una posición intermedia de acuerdo entre las diferentes posiciones enfrentadas. El eje de la discusión en torno al cual gira la cuestión de cuáles son los contenidos semánticos de la forma en "-ré" difiere del del presente o del de los demás tiempos verbales del español. En el caso de éstos la exposición de la semántica temporal está unida a y se deriva de la interpretación del concepto de sistema temporal y tiene como puntos clave la temporalidad, la aspectualidad y la narratividad. En el caso del futuro simple, estas categorías descriptivas pasan a un segundo plano, centrándose la discusión en el papel que juega la modalidad en la expresión del futuro.

2. Descripción de presente y futuro en las gramáticas

Harri Meier (1965, 63) define en un artículo sobre el futuro y la modalidad las dos posiciones a las que puede dar lugar un examen detenido del futuro simple:

> "Objetivamente es muy reducido, casi una simple abstracción, el campo de la temporalidad pura, de la futuridad pura, encerrado por los de la probabilidad, la posibilidad, la intención, la persuasión, etc. Subjetivamente, nos moveremos tanto más en el recinto de la pura temporalidad cuanto más confiemos en la realización de nuestros cálculos, de nuestras previsiones, de nuestras intenciones".

La cita de Meier define el carácter dual del futuro y nos da pie a examinar las tres posturas que adoptan los temporólogos a este respecto.

Por un lado analizaremos las propuestas que postulan una descripción temporal del futuro simple, dentro de las cuales se distinguirá entre autores que únicamente dan una variante de significado y autores que dividen el futuro en dos o más usos temporales.

Por otro lado, veremos las propuestas de descripción modal y temporal, y por último nos ocuparemos de las exposiciones que hacen de la modalidad el eje descriptivo primordial del futuro.

A pesar de las grandes diferencias en la interpretación temporal (modal) del futuro, la cuestión del contenido modal del futuro simple no ha tenido en la gramática española la importancia que ha adquirido en la alemana, donde veremos que un grupo importante de autores excluye el futuro simple alemán de la pertenencia al sistema temporal.

Esquemas de futuro simple ordenados por la temporalidad

La mayor parte de los autores que son partidarios de la solución temporal pura atribuyen al futuro simple un único uso temporal. Esto se debe a que interpretan que el futuro dispone de un significado temporal que señala una acción venidera y que cubre todos aquellos casos en que la acción posterior al momento del habla expresa un matiz secundario de probabilidad, imperatividad o posibilidad. Citaremos a continuación a los tres autores más relevantes que adoptan esta opción: A. Bello, N. Cartagena y V. Lamíquiz.

Bello (1988, 433) en su famosa gramática destinada al uso de hispanohablantes americanos y que, aún rompiendo esquemas con la gramática tradicional, todavía es conservadora en lo referente a los contenidos temporales, atribuye al futuro un único contenido: "Cantaré, futuro. Significa la posterioridad del atributo al acto de la palabra".

Lamíquiz (1982, 1987) nos ofrece una definición que no sólo coincide en el contenido con la de Bello, sino que muestra la misma estructura expositiva, por lo que es posible establecer una relación de influencia entre ambas: "Cantaré, futuro absoluto. Expresa que el acontecimiento no ha tenido lugar aún, pero que lo tendrá en una época posterior al momento de hablar" (1982, 44).

Además de aplicar el criterio temporal, Lamíquiz, defensor de la teoría de la narratividad/actualidad, caracteriza el futuro como un tiempo perteneciente al nivel de la actualidad (1987, 163). Por lo tanto, este autor ordena el futuro por medio de la temporalidad (época presente) y la complementa con ayuda de la actualidad (nivel o plano actual).

Cartagena expone, por su parte, en su "Vergleichende Grammatik Spanisch-Deutsch" (1989, 347) un argumento en contra de la consideración del futuro simple español como un ente modal, la estadística:

"Es sei jetzt nur erwähnt, dass die Modalverwendung der Futurformen im Spanischen viel weniger verbreitet ist als die rein temporale. Aufgrund der allerdings nur für die geschriebene Sprache und auf der Eakt beschränkt vorhandenen statistischen Auswertungen kann man feststellen, dass der Typ amaré 3,5% aller gebrauchten Vf ausmacht, und dass schon seit Cervantes und Lope de Vega über Bretón de los Herreros, García Lorca und bei modernen Autoren die rein temporale Verwendungsweise überwiegt: 97%-3%, 96%-4%, 85%-15%, 90%-10% und 84%-16%".

Otro autor que describe el futuro de modo temporal es el Alarcos Llorach de antes de los años setenta. En un artículo sobre la estructura del verbo español del año 1949, recogido como capítulo en "Estudios de gramática funcional del español" (1970), este autor afirma:

"Indicativo futuro. Es tiempo marcado positivamente en la correlación futuro-temporal mientras es el miembro negativo en las demás. Características generales: 1. No indica matiz modal, 2. No indica tiempo pasado; característica positiva: 3. Indica tiempo futuro" (1949, 64).

Posteriormente Alarcos modificará su posición y atribuirá al futuro simple una preponderancia de lo modal sobre lo temporal. Su nuevo parecer es analizado en el punto correspondiente a la interpretación del futuro como modalidad.

Uno de los pocos autores que otorgan al futuro simple más de una variante de significado temporal y renuncian a considerar tales variantes como modales es M. Morera (1999, 192). Según el análisis de base semántica llevado a cabo por este autor, el futuro presenta, ante todo, funciones temporales que únicamente se ven matizadas por algún rasgo léxico de obligación. Así afirma respecto de lo que él llama "sustantivo mostrativo –ré": "Sus funciones designativas más habituales se producen en el ámbito de la deixis física, señalando segmentos concretos del devenir temporal".

Según el tramo del devenir temporal en que se sitúe el momento señalado, Morera distingue una variante de futuro, en la cual "el segmento temporal designado se encuentra situado después del acto de la palabra", una variante de presente, en la cual "el segmento designado es concretamente el acto de habla" (ejemplo: "No es tan temprano como dices…serán las tres y media"), y otra de pasado, en la cual "el segmento temporal designado es posterior a un momento del pasado", que se corresponde con el futuro en la narración. Además, la primera variante posee tres subvariantes que expresan posibilidad, mandato y pronóstico, características modales que se someten a las temporales.

Esquemas del futuro simple ordenados por la temporalidad y la modalidad

El grupo más numeroso de autores es el que adopta una posición intermedia entre los temporalistas y los modalistas y recoge en sus análisis temporales del futuro simple tanto el tiempo como las características modales. Todos ellos parten de la idea de que el futuro simple español expresa algo más que únicamente tiempo futuro. Postular sólo características temporales es reducir el valor significativo de una forma verbal que presenta muchas facetas.

La futuridad, por el hecho de ser algo aún no realizado, implica muchas veces modalidad. De ahí que la una no se pueda suponer sin la otra. Los factores modales aparecen en el futuro simple sobre todo cuando estamos ante usos dislocados, es decir, usos que representan una temporalidad no coincidente con el significado básico del tiempo.

Por lo tanto, según los autores de este grupo, y dando la palabra a uno de ellos, Calvo Pérez (1996, 50), "el futuro goza de la doble consideración de tiempo y de modo, dado que las marcas que acompañan a la raíz verbal son dos: de fuera a dentro, la marca temporal (con la persona acentuada) y la marca modal prototípica del español (-vR-)".

El esquema básico que pueden adoptar estos temporólogos es, pues, la consideración y distinción de los valores o usos del futuro, uno temporal y otro modal. Esta posición básica es la expuesta por Roca Pons (1985, 222). Tras afirmar que el futuro, por la idea de posibilidad e inseguridad que conlleva y que lo destaca frente a la realidad y seguridad de otros tiempos del pasado y del presente, se relaciona estrechamente con los valores modales, ofrece dos usos claramente definidos. El primero es modal y lo define como "en español expresamos con el futuro simple la probabilidad en el presente (serán las cinco)", mientras que el segundo es temporal y "puede limitarse a expresar, simplemente, una acción venidera".

A partir de este esquema podemos clasificar a los demás autores integrantes de este grupo tomando en cuenta el número de valores temporales que le otorgan al futuro simple. Muchos de ellos proponen un esquema con un único valor temporal -el de acción que aún está por ser ejecutada-, y un número x variable de variantes de significado modales.

A este respecto, el Esbozo de la RAE (1973, 470) propone un uso temporal que "expresa acción venidera y absoluta, es decir, independiente de cualquier otra acción", y tres usos modales: el futuro de mandato, el de probabilidad y el de sorpresa.

Esta exposición se basa en la ofrecida por Gili Gaya (2002, 165-166) en 1943, y ha sido posteriormente adoptada por Araña/Aísa (1997, 84-85). Para Batchelor (1992, 32.2) las tres variantes modales expresan "intention", "imperative" y "supposition in the present".

Otro autor que introduce cambios mínimos es Rodríguez Vida (2000, 24-25), que sugiere un futuro de orden, uno de presente modal (probabilidad, sorpresa) y uno condicional en que recoge el uso del futuro en oraciones condicionales.

Más interesantes son las proposiciones de Fernández Ramírez y Porto Dapena. Fernández Ramírez (1986, 284-298) distingue un futuro temporal prospectivo y tres modales, el futuro voluntativo, de necesidad y de conjetura. Cada una de estas tres últimas variantes de significado está dividida en subusos pragmáticos, situaciones que reflejan los contextos en los cuales se utilizan. Así, por ejemplo, el futuro voluntativo se usa para estipular, esto es, para establecer de forma adelantada una acción futura que se da por supuesto que va a ocurrir, para describir, dar su conformidad, conciliar, expresar confianza, etc.

De manera similar procede Porto Dapena (1989, 52-57), que subordina los usos situacionales que comentamos en el caso de F. Ramírez a la variante temporal, distinguiendo como usos modales el futuro de mandato, el de probabilidad y el apodíctico o de necesidad.

Como vemos, los autores anteriormente analizados proponen tres usos modales junto al temporal. Otros autores como R.Sarmiento (1997, 203), S. de la Torre (1991, 92-94), Marcos Marín/Satorre Grau (1998, 216-218) o Kattán-Ibarra (1992, 83) incluyen además del uso temporal cuatro usos modales.

Algunos gramáticos van más allá y equiparan contexto con variante de significado. De esta manera, López García (1998, 436-437) expone nueve usos temporales, y Hernando Cuadrado (1994, 125-128) llega a proponer catorce.

Otros dos autores otorgan al futuro simple un número de valores temporales mayor a uno.

El primero de ellos es Hernández Alonso. En un artículo sobre el futuro absoluto de indicativo de 1967 y en otro de 1973, ambos recogidos y revisados en "Gramática funcional del español" (1996), distingue dos valores temporales y cuatro modales para el futuro simple. Comienza su exposición de los usos del futuro simple o absoluto recalcando que el futuro tiene un aspecto perfectivo y que los valores que adopta en el decurso son "el resultado de combinar dicho aspecto con los modos de acción de cada verbo y de las marcas de temporalidad señaladas" (1996, 433-434). Inmediatamente después afirma que "todos los valores del futuro nacen de dos rasgos semánticos que lo distinguen: 1. Temporalidad futura, que implica la 2. eventualidad de la acción".

Si predomina el rasgo temporal, el futuro adopta el significado de aserción o negación hacia el futuro o de mandato. Si, por el contrario, priman más los rasgos modales, estamos ante un futuro de probabilidad, concesión, de sorpresa o de cortesía.

El segundo autor es M. Molho (1975, 301-309). Molho apunta tres usos temporales, el futuro tético o de futuro, el futuro retórico o de pasado y el futuro alocutivo o de presente, y uno modal, el futuro conjetural o de probabilidad.

Junto a estos dos autores se podría considerar también a M. P. Garcés (1997, 62-65), quien presenta dos usos temporales y dos modales. A diferencia de los autores precedentes, Garcés habla en el caso de los usos temporales de "valores básicos".

Para terminar con el grupo de autores que consideran en el análisis del futuro simple español tanto el tiempo como el modo, se nombrará a dos gramáticos que presentan un esquema organizado de modo diferente a los anteriores.

Bull (1971, 90-93), siguiendo su teoría de funciones sistémicas y no sistémicas, apunta dos "systemic functions", una que agrupa "announcements" y otra que expresa "a rule, regulation, law", y seis "non-systemic functions", dos de naturaleza temporal y cuatro modal.

Mate Bon (1995, 33-39), por su parte, apunta dos usos desde el punto de vista temporal, uno referido al futuro cronológico y otro al presente, que en realidad es un uso modal, y dos usos vistos desde el punto de vista nocio-funcional, el futuro imperativo y el de duda/sorpresa/rechazo/desafío.

Esquemas del futuro simple ordenados por la modalidad

Este tercer grupo está integrado por un pequeño grupo de autores para los que la futuridad no puede ser considerada como algo temporal al tratarse de acciones irreales que aún no se han realizado. La discusión acerca de la modalidad del futuro no ha sido tan virulenta en España como en Alemania. Sin embargo, sí ha habido (y hay) una gran polémica sobre la necesidad de considerar al tiempo futuro como temporal-modal o como exclusivamente modal.

Los modalistas se dividen en dos grupos. El primer grupo defiende un concepto del futuro como tiempo modal, es decir, interpretan que la modalidad es el rasgo más importante y definitorio del futuro, pero lo consideran todavía integrante del paradigma del modo indicativo. El segundo grupo, compuesto por dos importantes gramáticos, dan un paso más allá y definen el futuro como un modo verbal.

2. Descripción de presente y futuro en las gramáticas

Uno de los primeros autores en ver en el futuro un verbo eminentemente modal es Sánchez Márquez (1972, 334). Define el tiempo que nos ocupa de la siguiente manera: "Es inseguro/indiferente temporalmente, eminentemente subjetivo, con tendencia modal". Propone dos variantes de significado, el futuro conjetural y otro futuro que indica ironía y duda. Ambas presentan una carga modal dominante.

Alcina/Blecua (1998, 799) distinguen un futuro de mandato, de proyecto, de probabilidad y de cortesía. Además analizan modalmente el papel que juega la persona gramatical en la expresión de los contenidos modales a los que hace referencia el futuro:

> "Esta formación perifrástica en su origen justifica con lo dicho anteriormente la existencia de un futuro modal cuyos matices están en la relación con la persona. Con la primera persona se expresa acción futura decidida en el presente. Con la segunda persona se destaca claramente el valor volitivo y toma diferentes grados desde la exhortación hasta el mandato".

Otros dos autores que adoptan el mismo proceder que Sánchez Márquez y Alcina/Blecua son Vera-Morales (1995, 349-351) y Di Tullio (1997, 229).

Kovacci y Alarcos Llorach trabajan sobre un modelo de futuro entendido como un modo verbal.

Kovacci (1992, 66) presenta una posición no tan avanzada como la de Alarcos. Para ella, el futuro es a la vez un tiempo verbal de indicativo y de un nuevo modo que denomina potencial: "En español las formas de futuro y condicional del modo indicativo también integran, independientemente, el modo potencial, con distinto eje de referencia".

Alarcos Llorach, por su parte, ya se desmarca en 1970 de la línea temporalista que había seguido anteriormente en un artículo integrante de sus "Estudios de gramática funcional del español", afirmando que: "Sin duda, hay dos rasgos funcionales y semánticos comunes a cantaré y a cantaría, que nos obligan a situarlos en estrecha relación, ya constituyendo ellos un modo, ya las llamemos futuro de indicativo" (1990, 113). Veintiseis años más tarde ya ha llegado a una separación completa del futuro: el futuro es una forma perteneciente al modo condicionado, que junto al indicativo y subjuntivo integra el paradigma modal del español (Alarcos Llorach 2005, 154).

Como se ve, las posturas que muestran los autores analizados son desde su punto de vista incompatibles. Aún así, se trata, en nuestra opinión, de posiciones complementarias. Con la puramente temporalista no se tiene en cuenta un gran número de usos de probabilidad o suposición, mientras que con la exclusivamente modal se pierden los matices temporales que pueda tener el futuro simple. Por lo tanto, en nuestro análisis contrastivo se tendrán en cuenta tanto las funciones modales como las temporales.

2.3. EL *PRÄSENS* DE INDICATIVO ALEMÁN Y SU DESCRIPCIÓN

El *Präsens* es la forma temporal no marcada por prefijos ni sufijos verbales en alemán. Se forma únicamente con la raíz verbal y una serie de desinencias de persona y número, aunque es posible que en la formación de la segunda y tercera persona del singular de los denominados verbos fuertes haya apofonía. En estas características formales del *Präsens* coinciden prácticamente todos los expertos a la hora de analizar la forma básica del sistema temporal alemán. Por lo que se refiere a la semántica temporal, hay una gran variedad de posiciones y planteamientos. Esto es debido, ante todo, al uso muy flexible del *Präsens*, que no solamente restringe su uso a la significación de hechos y estados que acaecen en el mismo momento de formular el enunciado o en su esfera temporal inmediata, sino que también puede incluir usos integrantes de la esfera significativa de lo ya sucedido o de lo que aún está por venir.

La inmensa mayoría de los autores están de acuerdo en afirmar que el *Präsens* puede implicar todas las épocas temporales y que es, por lo tanto, la forma verbal temporal (para algunos no temporal) más utilizada en contextos diferentes.

Thieroff (1992, 89) afirma a este respecto: "Von allen Tempusformen weist das Präsens die wenigsten kotextuellen Distributionsbeschränkungen auf oder anders gesagt, keine andere Tempusform ist in so vielen Kontexten möglich wie das Präsens". En consecuencia, "die Beschreibung der Präsens-Semantik in den Grammatiken des Deutschen und in Arbeiten zum Tempussystem ist weit uneinheitlicher als die Beschreibung der Tempusbedeutungen der anderen Tempusformen".

2. Descripción de presente y futuro en las gramáticas

La no homogeneidad en la descripción del *Präsens* se debe, en gran medida, a la interpretación de sistema temporal de cada autor, y a la posición que otorga al *Präsens* dentro de ese sistema.

Las dos cuestiones centrales que se plantean los especialistas siempre que se ocupan de describir y analizar el *Präsens* son, por una parte la de su temporabilidad, y por otra, la posibilidad de extraer de todos sus significados posibles una definición coherente que incluya todos los usos presentivos.

La primera cuestión no es desconocida, en cuanto que a lo largo de las explicaciones de los diferentes sistemas temporales que los especialistas han propuesto para el alemán, hemos puesto de manifiesto que un pequeño grupo de gramáticos reduce el número de tiempos verbales y pone en entredicho el concepto clásico de temporalidad. En el caso del *Präsens*, la razón por la que esta forma puede admitir una interpretación no temporal, es, paradójicamente, su capacidad de expresar contenidos temporales pasados, presentes, futuros y atemporales (Eisenberg 2006, 114).

Esta primera diferenciación nos permitirá distinguir por un lado tratamientos del presente atemporalistas, esto es, que niegan el estatus temporal al *Präsens*, y tratamientos temporalistas por otro. Esta diferenciación entre tratamientos temporalistas y atemporalistas del *Präsens* se basa en la planteada por Grewendorf (1984, 228-233), aunque con una ligera diferencia: él divide los trabajos sobre el *Präsens* de sus colegas gramáticos en atemporalistas, no presentivistas y en aquellos para los que el presente alemán expresa todo menos el pasado.

La segunda cuestión que se plantean los gramáticos y que nos servirá aquí para clasificar los diferentes tratamientos del *Präsens*, es la de la posibilidad de encontrar una definición que permita agrupar los usos variados del *Präsens* bajo un significado (extensivo) unitario.

En unos trabajos se opina que existe un significado válido para todos los contextos en los cuales aparece el *Präsens*, mientras que otros describirán el tiempo que nos ocupa mediante varias variantes de significado, pero sin postular una unitaria. Esta claro que únicamente podrán adoptar esta posición aquellos estudiosos que se hayan decantado por realizar un tratamiento canónico, esto es, temporal, del presente alemán. En consecuencia, distinguimos atemporalistas de temporalistas, y dentro de estos últimos, unitaristas y no unitaristas.

Esquemas atemporalistas del *Präsens*

Los atemporalistas, numéricamente en minoría, pero de gran importancia por el renombre de algunos de los autores que integran este grupo, postulan que el *Präsens* como forma verbal no presenta estatus temporal, y que, por lo tanto, no debería ser tratado como un tiempo verbal. En este grupo encontramos, entre otros, a H. Glinz, Ballweg, Vennemann, Mugler, Engel y Zeller.

La posición de los atemporalistas es descrita con mucho acierto por Thieroff (1992, 94), quien afirma que es la etapa final en la consideración reduccionista de variantes de significado del *Präsens*:

> "Nach der Auflistung einer vielzahl von Präsens-Varianten, der Reduktion dieser Varianten auf vier Hauptbedeutungen, der weiteren Reduktion dieser Bedeutungen auf nur drei und schließlich auf zwei Varianten, bleibt nur noch eine weitere denkbare Position übrig, nämlich die, dass das Präsens, da es in Sätzen mit Gegenwarts-, Zukunfts- und Vergangenheitsbedeutung vorkommen kann, überhaupt keinen Zeitbezug herstellt".

Uno de los primeros autores en adoptar esta posición antitemporalista es Hans Glinz (1970, 155). En su primer volumen de su "Deutsche Grammatik" empieza ya a elaborar la teoría del "Atemporalis". Para él, el *Präsens* es la "unmarkierte Form" de los tiempos comentados, a los que se opone como el indicativo se opone al subjuntivo. La interpretación temporal del presente alemán únicamente es posible desde un punto de vista negativo. De ahí que afirme: "Wir fassen es also ausdrücklich nicht als Gegenwart (auf), sondern als weder im Rückblick gesehen noch als schon durchgeführt noch als erst erwartet (nur erwartet) gesehen".

De lo anteriormente expuesto deriva que el *Präsens* "ist von sich aus in seiner zeitlichen Geltung weniger festgelegt als die übrigen Tempora". La fijación de las formas de *Präsens* a una época determinada es tarea de unidades no verbales complementarias, por lo que en primera línea entiende complementos circunstanciales temporales. Por esa razón Glinz renuncia a establecer variantes de significado para el *Präsens* y recalca el gran grado de ficcionalidad que conlleva esta forma verbal.

Ballweg expone en dos artículos de 1984 y 1997, en su "Semantik der deutschen Tempusformen", del año 1988, y en la "IDS-Grammatik" (Zifonun et al. 1997) su visión atemporalista del *Präsens*. En el artículo de 1984 aclara y critica

2. Descripción de presente y futuro en las gramáticas   41

los planteamientos de autores como Helbig/Buscha y Duden, que presentan varias variantes de significado para el *Präsens* sin buscar un significado unitario, al mismo tiempo que subraya la necesidad de encontrar una definición general en la cual se puedan integrar las excepciones semánticas (presente histórico, futuro) sin recurrir a "gewaltsam anmutende Erklärungen" (Ballweg 1984, 243).

Para llegar a la concretización de una definición del *Präsens*, Ballweg trabaja con el principio metodológico del "semantisches Minimalitätsprinzip", según el cual se debe proceder con un análisis semántico general para lograr integrar todas las variantes en el análisis. Tras aplicar este principio al *Präsens*, llega a la conclusión que el rasgo general de éste es "gültig an einem Zeitabschnitt" (1984, 247).

En Ballweg (1988, 45 y sig.) analiza las 16 variantes de significado que Wunderlich (1970, 124-137) postula para el *Präsens* y abarca todas ellas con una definición: "Ein Satz im Präsens ist genau dann gültig, wenn es ein Zeitintervall gibt, das sich erstens mit der Sprechzeit überlappt und an dem zweitens der vom Satz behauptete Sachverhalt besteht".

Con esta fórmula definitoria Ballweg niega implícitamente el carácter temporal del *Präsens*, pues aunque utiliza una terminología que pudiera sugerir lo contrario ("Zeitabschnitt", "Zeitintervall"), no habla sobre la situación relativa del punto origo y del momento del acontecimiento. Se centra en el hablante: el *Präsens* es la forma verbal que se define por su utilización por el hablante en un contexto determinado: "Das Präsens legt über die Lage der Betrachtzeit nichts fest. Die Ermittlung der Betrachtzeit bleibt dem Kontext (sprachlich und außersprachlich) überlassen" (Ballweg en Zifonun 1997, 1712).

Vennemann (1987, 239-240) califica directamente al presente alemán como no temporal, argumentando que: "Ist der Präsensstamm verwendet, ist keinerlei zeitliche Lagerung dieses Vorgangs oder Zustands angezeigt". Por lo tanto, una frase cualquiera no tiene por qué tener referencia presente, a no ser que se utilice algun elemento contextual que fije el signifcado de la forma verbal de *Präsens*: "Vielmehr kann ein gemeinter Zeitbezug nur aus dem Äußerunggskotext oder Äußerungskontext erschlossen werden". Mugler (1988, 158) comparte con Vennemann la opinión de que el factor principal que concreta el significado de la forma presentiva en toda oración es el contexto, y más concretamente la adverbialidad temporal. Mugler define al *Präsens* como una forma verbal no marcada temporalmente tratándola en último lugar, porque como forma no temporal que es en realidad no debería considerarse en un análisis temporal del alemán: "Es soll damit nämlich zum Ausdruck gebracht werden, dass das Präsens in einer solchen Betrachtung strenggenommen gar nicht einbezogen werden dürfte, da es weder Tempus noch Aspekt ist".

Engel (1988, 495, 2004, 265), quien únicamente acepta dos formas verbales temporales ("einfache Verbformen") para el alemán, el *Präsens* y el *Präteritum*, llega a una conclusión parecida a la de los autores anteriores, afirmando que "dem Präsens ist mit zeitlichen Merkmalen schlechterdings nicht beizukommen". Afirma que el *Präsens*, si bien señala que un acto está anclado en el tiempo (del acto de habla), en lo concreto "kommen aber beliebige Zeitpunkte, Zeiträume, Zeitstufen in Frage", por lo que "vom Zeitlichen her kann das Präsens höchstens negativ definiert werden".

Zeller (1994, 67) acuña el término "Untempus" para definir al presente alemán, relanzando la tesis de que "das Präsens ist gar kein Tempus, es handelt sich bei der als Präsens bezeichneten Form lediglich um eine temporal unspezifizierte Erscheinungsform des Verbs".

Otros autores que defienden la tesis atemporalista son Erben (1980, 87), Schanen (1995, 58) y Valentin (1997, 50).

Esquemas temporalistas del *Präsens*

Dentro del gran grupo que anteriormente hemos definido como "temporalista" y que se opone por su concepción temporal del *Präsens* al grupo que acabamos de ver, podemos distinguir dos grupos. El primero de ellos está integrado por aquellos expertos que, postulando un estatus temporal del *Präsens*, intentan hallar un significado unitario por extensión para todos los usos del presente. El segundo renuncia a buscar una definición común y se centra en la descripción de los diferentes usos.

Entre los autores que definen el *Präsens* con un significado único se encuentran autores tan conocidos como Vater, Thieroff, Admoni o Weinrich, y son de la opinión de que el significado del presente se refiere a la época de presente y de futuro o no tiene restricciones temporales.

2. Descripción de presente y futuro en las gramáticas 43

Vater y Thieroff comparten una misma posición dentro de los temporalistas unitaristas: definen el *Präsens* como aquella forma temporal que ante todo no expresa tiempo pasado.

Vater (1991, 48) define la "Grundbedeutung" del *Präsens* como "Nicht-Vergangenheit" basándose en la afirmación de A. Kratzer (1978, 79) de que "unsere Gegenwart umfasst unser 'jetzt'. Und unsere Gegenwart schließt oft noch unsere Zukunft ein, also die Zeit nach dem 'jetzt', niemals aber die Zeit davor". Vater propone una "wörtliche Bedeutung" para el *Präsens* que recoge esta característica central, mediante la cual el tiempo verbal que nos ocupa expresa acciones y estados que se hallan situados a la derecha del punto origo que marca el presente del hablante en la línea temporal: "Das Präsens (in nicht-übertragener Bedeutung) thematisiert bei einem Ereignis, dass es (noch) nicht vergangen ist". Dentro de esta horquilla significativa del *Präsens* se encuentran, según Vater (1991, 48 y 1997, 27) la "Gegenwart im engeren Sinne", el futuro, la "Sprechzeit überlappende Iteration", la "Zeitlosigkeit" y el "Hineinreichen eines in der Vergangenheit begonnenen Ereignisses in die Gegenwart". Vater, una vez aclarada la definición, admite sin embargo que las variantes de significado conocidas como "historisches Präsens" o "Präsens tabulare" no pueden ser derivadas directamente de su definición, con lo cual la validez del significado unitario propuesto queda en entredicho.

Thieroff (1992, 101) llega a la misma conclusión que Vater aunque por medios diferentes. En una de las exposiciones más cuidadas acerca del presente alemán, Thieroff va analizando las diferentes propuestas de análisis que se han hecho para el *Präsens* y descartándolas hasta llegar a una conclusión final. En primer lugar destaca la "Variantenvielfalt" que tiene este tiempo verbal, lo cual no quiere decir que no sea posible lograr una definición unitaria. Tampoco se muestra favorable a adoptar un *Präsens* de significado atemporal, que define como la "inhaltliche Entleerung der Präsensbedeutung". Para él el *Präsens* tiene significado temporal, de presente y de futuro, pues "über die Ausdehnung der Ereigniszeit über den Sprechzeitpunkt hinaus bzw. nach dem Sprechzeitpunkt gelegenen Zeitraum entscheidet allein der Kontext". Su fórmula es "E nicht-vor S", es decir "Ereigniszeit nicht vor Sprechzeit". Al igual que a Vater, Thieroff no aclara qué es lo que sucede con el presente histórico, variante presentiva a la que Thieroff no se refiere ni en su estudio de 1992 ni en el de 1994.

Otro pequeño grupo de autores que confieren al *Präsens* un significado unitario se aferran a la idea de que el presente alemán indica ante todo tiempo presente, y que los usos no presentivos son usos dislocados o transposiciones. De esta manera proceden Heringer, Grewendorf y G. Marschall.

Heringer (1983, 111) habla del *Präsens* como de una forma gramatical extensionalmente definible por una serie de subcategorías de morfemas verbales. Comienza sus elucubraciones acerca del *Präsens* criticando a los autores que postulan una "Mehrdeutigkeit" de esta forma temporal. Heringer opta por explicar el *Präsens* como una forma temporal con "Grundbedeutung" de presente, que además puede mostrar "unterschiedliche Verwendungsweisen". Estas variantes de significado distintas del uso principal, por ejemplo el presente histórico, son transposiciones temporales, esto es, usos metafóricos que no ponen en peligro la unidad significativa del *Präsens*.

Grewendorf (1984, 229-230) expone esta misma posición de manera más didáctica y sencilla. En el análisis semántico del *Präsens* se pueden mantener dos tesis: bien se postula que el *Präsens*, que conocidamente puede expresar contenidos no sólo de presente sino también de otras épocas temporales, no es un tiempo del presente, bien es posible no renunciar a interpretar la forma verbal que nos ocupa como algo en primera línea presentivo: "Wer bockig ist, beharrt darauf, dass das Präsens ein Gegenwartstempus ist, dass es also die semantische Funktion des Präsensfunktors ist, Gegenwartsbezug auszudrücken".

Grewendorf, por supuesto, se decanta por la última posibilidad. Reconoce que esta interpretación sólo será viable y de utilidad si se logra explicar que los usos no presentivos no pertenecen a la "semantische Bedeutung" del tiempo en cuestión y si se consigue aclarar cómo funcionan los usos dislocados:

"Vertreter dieser Auffassung sind zu einem der folgenden Schritte genötigt: a) Sie müssen zeigen, dass die nicht-gegenwartsbezogenen (im Sinne von: auf die Äusserungszeit bezogenen) Verwendungen des Präsens nicht zu dessen (semantischer) Bedeutung gehören. In diesem Fall müssen sie begründen, wie die jeweiligen temporal abweichenden Lesarten zustandekommen. Diese Strategie möchte ich im folgenden selbst einschlagen (...). b) Sie müssen die Gegenwart ausdehnen bzw. zulassen, dass die Gegenwart variieren kann. In diesem Fall müssen sie begründen, warum es für solche

2. Descripción de presente y futuro en las gramáticas 45

Formen der Gegenwartsherstellung Beschränkungen gibt, warum man also mögicherweise *gestern* zur Gegenwart machen kann (...)".

Grewendorf aclara el uso de las variantes no presentivas del *Präsens* mediante el principio de las "Transpositionen" o usos dislocados. Una exposición similar a la de Grewendorf, aunque con más formalización, se encuentra en G. Marschall (1997, 12-19).

El único autor que explica el *Präsens* como un tiempo de significado unitario narrativo es H. Weinrich (1994, 46 y sig., 1993, 213-219). Este autor interpreta el *Präsens* "ohne Berücksichtigung von Zeiten und Zeitpunkten" y aclara su uso "als gattungs- oder situationsspezifisches Signal dafür, dass es sich um einen besprechenden Text handelt" (1994, 46). Por eso para Weinrich no tiene sentido hablar de "temporalidades" en el uso del presente alemán: el *Präsens* comenta, tenga referencia presente, pasada o futura.

Otro grupo dentro de los temporalistas unitaristas interpreta que no tiene sentido describir el *Präsens* como una forma que sólo indica temporalidad presentiva y futura para aclarar a continuación que existe una excepción, la del presente histórico y escénico. Ese segundo grupo no pone restricciones a la semántica temporal del *Präsens*, aunque alguno de ellos habla de una "kontextuelle Abhängigkeit des Präsens" en algunos usos temporales (Rothstein 2007, 34). Esa falta de restricciones conforma el significado principal de la forma temporal. Esto es, se propone explícitamente que el *Präsens* sea interpretado como un tiempo unitario con el significado común de ausencia de restricciones temporales. Dentro de este grupo nos referiremos a Kluge, Brinkmann, Admoni, Markus, Fabricius-Hansen y Flämig, entre otros.

Antes de analizar las definiciones de estos autores es necesario hacer una referencia a Hentschel/Weydt, que son autores de transición entre el grupo unitarista de Vater y Thieroff, que postulan un significado base no pasado, y el grupo que nos va a ocupar inmediatamente, que interpretan que el presente alemán expresa una ausencia de restricciones temporales. Hentschel/Weydt (2003, 96-99) defienden como significado unitario del *Präsens* por un lado la "Nicht-Vergangenheit", pero por otro reconocen que con el *Präsens* el hablante se puede referir a las tres épocas temporales básicas presente, pasado y futuro, además de a lo gnómico, y se preguntan: "Handelt es ich beim Präsens nicht um einziges

Tempus, sondern um die zufällige lautliche Übereinstimmung von vier semantisch getrennten Formen?" y "Wenn ein einheitliches Tempus vorliegt, worin besteht die Gemeinsamkeit?". A la primera pregunta responden que hay únicamente un tiempo con diferentes variantes de significado. A la segunda, que estas variantes tienen en común que el "Präsens umfasst alles, was nicht auf die Vergangenheit beschränkt ist". El presente histórico y escénico también están incluidos en esta definición, puesto que se trata de variantes con "fiktive Standortverschiebungen", es decir "man tut beim anschaulichen Erzählen so, als ob die Handlung gegenwärtig sei", es decir, hay una relación con el presente del hablante y esa relación "wird dafür nutzbar gemacht, ein Ereignis besonders lebendig und anschaulich zu schildern". Por lo tanto, Hentschel/Weydt están a medio camino entre los dos grupos anteriormente citados.

Uno de los primeros autores en postular un *Präsens* sin restricciones es Kluge (1969, 64). Kluge critica en su contribución a la discusión acerca del sistema temporal alemán iniciada por Gelhaus el tratamiento excepcional que se le da al "praesens historicum" y al "praesens tabulare" y "aeternum". Según Kluge el presente alemán no distingue "Sonderfälle", sino que es "die allgemeinste der möglichen Formen des Verbs, nämlich die Verbform, in der lediglich der reine Inhalt des Verbs aktualisiert und einem Träger zugeordnet wird". Según esta interpretación, los valores que muestra el *Präsens*, sean de presente, futuro, pasado o atemporales, se actualizan por medio del contexto. Para realizar estas afirmaciones Kluge se basa en gran medida en Brinkmann (1962, 32ss), quien anteriormente ya había asegurado que el *Präsens* y la *Zeitstufe* de presente tenían un carácter complejo y que esto hacía posible que el *Präsens* como forma temporal se abriera tanto a la izquierda como a la derecha del punto temporal origo, permitiendo una gran variedad de usos.

El carácter complejo del *Präsens* al que hace referencia Brinkmann también está presente en el planteamiento de Admoni (1970, 183). Este autor señala que la mayor parte de las acciones expresadas por el *Präsens* no son accionalmente puntuales, esto es, no se ejecutan en el mismo punto temporal en el cual suceden y son indicadas por el hablante, sino que abarcan "eine größere oder kleinere Zeitspanne", y cuando el momento de habla coincide con alguno de los momentos que forman esa "Zeitspanne", el tiempo utilizado es el *Präsens*.

2. Descripción de presente y futuro en las gramáticas 47

La definición de presente que encontramos en Admoni recoge, por lo tanto, los usos presentivos, pasados, futuros y hasta atemporales: "Die grammatische Gegenwart beschränkt sich also nicht auf den Redemoment. Alle Zeitabschnitte, die den Redemoment miteinbeziehen gehören zur grammatischen Gegenwart, zum Präsens" (Admoni 1970, 183). Admoni reconoce, además, la armonía de su planteamiento con el de Brinkmann.

Markus (1977, 45), en un trabajo comparativo del verbo alemán e inglés, explica la semántica del *Präsens* mediante el principio de la "Kontextzeit", según el cual el contexto influye de un modo considerable en el uso de los tiempos verbales. El *Präsens* no está organizado de modo deíctico, en cuyo caso primaría la designación de un punto temporal objetivo, sino que es el contexto quien marca en cada caso concreto el marco temporal en el cual se verifican los diferentes contenidos temporales de la forma verbal en cuestión.

Este principio es aplicado también por Fabricius-Hansen (1986, 84). Para esta autora, "als wesentliches Merkmal des Präsens (...) erweist sich jetzt, dass es keine kontextrestringierende Funktion hat. Präsentische Sätze stellen anscheinend keine zeitlichen Bedingungen an ihre möglichen Kontexte". Una de las ventajas de esta definición del *Präsens* es que no hace falta aclarar el estatus del *historisches Präsens*: "(...) das historische Präsens ist einfach die Varietät, die dann vorliegt, wenn die Betrachtzeit der Sprechzeit ganz vorangeht".

En las últimas dos décadas esta posición del *Präsens* como una forma sin restricciones temporales ha sido defendida por W. Flämig (1991, 390), quien habla de un "allgemeiner Zeitverlauf ohne Einschränkungen" revisando su esquema presentivo de 1981 (que será expuesto en el grupo de autores que defienden un *Präsens* sin significado unitario), M. Marschall (1997, 3), Rothstein (2007,32ss.) y P. Radtke (1998). Para esta última autora el significado del *Präsens* se puede resumir en una regla de uso: "Verwende grundsätzlich das Präsens, es sei denn, du willst eine zeitliche Orientierung geben" (Radtke 1998,154). Es decir, el uso del *Präsens* se obtiene contrastándolo con los usos de los demás tiempos verbales. Además señala una restricción adverbial: es un tiempo incompatible con complementos circunstanciales temporales, "die Richtungen (d.h. Orientierungen) in die Vergangenheit angeben" (Radtke 1998, 184), como, por ejemplo, "früher".

El otro gran grupo dentro de los temporalistas renuncia a buscar un significado unitario para la forma verbal de presente y postula una serie de variantes de uso o de significado que puede adoptar el *Präsens*. Se trata de exposiciones descriptivas, muchas de ellas destinadas al aprendizaje del alemán como lengua extranjera, y por esta razón se subraya más el uso concreto del *Präsens*.

En primer lugar citaremos a tres autores que parten de la tesis de que el *Präsens* indica las tres magnitudes temporales básicas, esto es, el pasado, el presente y el futuro: Baumgärtner/Wunderlich (1969), Dieling/Kemptner (1983) y Buck (1999), los dos últimos autores de un estudio sobre la estructura temporal del alemán para extranjeros y de una gramática alemana para no germanoparlantes, respectivamente.

Baumgärtner/Wunderlich (1969, 37) se decantan por una consideración tripartita del *Präsens*, y en su artículo, considerado como una contestación a Gelhaus (1969), proponen tres diferentes usos de *Präsens* para el "Grundsystem" del alemán. Para ello se basan en que gran parte de las oraciones en las cuales puede aparecer el *Präsens* tienen la particularidad de que pueden ser interpretadas como pertenecientes a la época actual de presente o a una de futuro siempre que no haya ningún elemento contextual que especifique el anclaje temporal de la forma. De esta manera "ich suche es" puede desarrollar tanto temporalidad presente como futura. Al presente de significado presente lo denomina "Präs 1", y al presente de significado futuro consecuentemente "Präs 2". El tercer uso del *Präsens*, denominado "Präs 3" es un uso de referencia pasada, caracterizado por su no coloquialidad (en contraposición a los dos anteriores) y su compatibilidad en contextos de significado pasado.

Un esquema muy parecido presentan Dieling/Kemptner (1983, 20-21). Distinguen un "Ggw-Präs" o "Präsens der Gegenwart", un "Zuk-Präs" o "Zukunftspräsens" y un "Hist Präs" o presente histórico referido al pasado.

Buck (1999, 77), autor de una de las últimas gramáticas del alemán para angloparlantes, señala además de estos tres usos, el uso del *Präsens* para expresar "that an action begun in the past and still is going on", es decir un uso de presente extendido.

Otro grupo de autores, muy numeroso y con integrantes muy conocidos, eleva el número de variantes de significado del *Präsens* a cuatro, postulando además

2. Descripción de presente y futuro en las gramáticas

de los usos de temporalidad presente, pasada y futura que hemos visto en los tres autores anteriores, un uso general del presente de naturaleza gnómica. En este grupo se encuentran ante todo gramáticas de uso o descriptivas, algunas de ellas dirigidas a usuarios con lengua materna no alemana (las de Helbig/Buscha o Hammer) o a germanoparlantes (los "Grundzüge" o las de Eichler-Bünting o Engelen).

Una de las primeras gramáticas que prescinde de una descripción general del *Präsens* y pasa a describir directamente los contextos en los cuales es posible y correcto utilizar esta forma verbal es la "Deutsche Grammatik" de Helbig/Buscha (2008, 130-132), cuya primera edición data de 1970. Estos dos autores dan por sentado que "das Präsens taucht in 4 Bedeutungsvarianten auf". El primer uso muestra temporalidad presente, es el "aktuelles Präsens", en el cual también se incluye el presente extendido, esto es, de acciones que han comenzado en el pasado y aún son ciertas en el presente. El segundo uso se refiere al futuro, y es obligatorio en verbos perfectivos puros. El tercer uso es el "Präsens zur Bezeichnung eines vergangenes Geschehens", al que también denominan al uso "historisches Präsens". El cuarto uso del *Präsens* es, según Helbig/Buscha, el "generelles oder atemporales Präsens", que expresa "allgemeingültige Sachverhalte" y que no está unido a ninguna época objetiva. Se trata en la mayoría de los casos del "zeitloses Präsens" variante con la cual nos referimos a acciones válidas en cualquier punto de la línea temporal.

Exactamente la misma interpretación temporal del *Präsens* encontramos en la gramática de G. Helbig de 1991 y en ediciones sucesivas.

En "Grundzüge einer deutschen Grammatik" (1981, 509), W. Flämig expone estos mismos cuatro usos tras haber llegado a una definición general para todo el *Präsens* de carácter muy vago.

Otros autores que comparten el esquema de descripción del *Präsens* de los cuatro usos anteriormente señalados son A. E. Hammer (1974, 206-207), Eichler/Bünting (1976, 104-105), Liebsch/Döring (1976, 43-44), W. Bartsch (1980, 60), para quien el *Präsens* presenta, no obstante, carcterísticas aspectuales, Engelen (1984, 87), Eisenberg (2006, 111-114), quien entra además en la discusión sobre la no temporalidad del *Präsens*, definiendo a esta forma verbal como la "unmarkierte Tempuskategorie", Kunze/Jung/Küstner (1987, 101), Sommerfeldt/Starke (1992, 67-68), M. T. Rolland (1997, 59-60), quien bifurca el *Präsens* de referencia pasada en un *Präsens* con "Bezug auf die Vergangenheit" y un "szenisches Präsens", Dodd et al. (2003, 34) y Miell/Schenke (2006, 75).

También integrada en este grupo está Keuler (1993, 99), quien diferencia entre "Bezug" y "Verwendung" del *Präsens*. Postula los cuatro "Bezüge" ya conocidos, diviendo cada uno de ellos en los diferentes contextos oracionales en los que puede aparecer. Así, el presente alemán presentivo puede aparecer en "normale Äußerungen, Entschlüsse, Absichten, Aufforderungen".

Además de los estudiosos ya citados que defienden un *Präsens* con tres o cuatro variantes de significado, existen otros autores que postulan algunas más. De esta manera, A. Hoppe (1969, 31) completa los cuatro usos ya vistos con un "Präsens als Ausdrucksform der Vermutung". Con ello se refiere a ejemplos en los cuales se introduce un factor de suposición por medio de un complemento circunstancial adverbial como "doch", "wohl", "sicher", "bestimmt", etc.

Götze/Hess-Lüttich (1999, 99) añaden a la variante modal de suposición de Hoppe un *Präsens* utilizado en titulares, que no caracterizan de modo más detallado, y un *Präsens* con "imperativischer Bedeutung". Los valores imperativo y de suposición también se encuentran en la exposición de W. Jung (1988, 471-473), quien además señala el presente de los "Vorgänge von Dauer", con lo cual se refiere al presente extendido que ya se ha comentado en Buck (1999).

Un esquema más complicado es el que presenta O. Ludwig (1971, 34). Ludwig diferencia tres tipos de usos del presente alemán. El primer tipo localiza los usos en el tiempo, con lo cual el *Präsens* "ist anwendbar auf Vorgänge oder Zustände (1) in der Gegenwart, (2) in der Vergangenheit, (3) in der Zukunft des jeweils Sprechenden". El segundo tipo se refiere a "Vorgänge oder Zustände, die nicht im Zeitkontinuum festgelegt sind, Vorgänge oder Zustände also, die (4) immer, (5) einmal oder (6) selten, manchmal, öfters, oft, meistens eintreten". El tercer tipo es una disposición, una acción o estado que es posible sin que tenga que estar completada por adverbio alguno: "Er kann Chinesisch".

Otro autor que señala más de las cuatro variantes clásicas es Confais (1990, 171).

2. Descripción de presente y futuro en las gramáticas

Un lugar especial ocupa en esta relación de autores D. Wunderlich (1970, 114-137). Wunderlich elabora en su "Tempus und Zeitreferenz im Deutschen" el esquema de usos del *Präsens* más completo hasta la fecha. Clasifica los usos basándose en el tipo de oración o de contexto en el cual aparece. Distingue los siguientes tipos de presente: Dentro del "Präsens in generellen Aussagen": (1) "in mathematisch-logischen Aussagen", (2) "in empirisch-generellen Aussagen", y (3) en "Sätze vom Sprichwort- oder Sentenzcharakter"; dentro del "Präsens mit Gegenwartsbezug": (4) "in Aussagen über habituelle Akte", (5) "in identifizierenden Aussagen", (6) "in perfomativen Äusserungen", (7) "in normalen gegenwartsbezogenen Aussagen", (8) "in Aussagen, die die unmittelbare Gegenwart betreffen", (9) "in Aussagen, die eine grössere Zeitspanne betreffen, die die Gegenwart einschließt"; dentro del "Präsens mit Zukunftsbezug": (10) "in Aussagen, die die Zukunft betreffen"; dentro del *Präsens* de pasado: (11) "in historisch-tabellarische Aussagen", (12) "in Aussagen, die eine vergangene Zeitspanne betreffen, die is zur Gegenwart reicht", (13) "in Aussagen, die die Vergangenheit betreffen, aber lebhaft vergegenwärtigt werden"; así como (14) "in Befehlen, Aufforderungen", (15) "in Instruktionen", (16) "in Überschriften" y (17) "in fiktiver Erzählung".

Muchos de los autores anteriormente analizados se sirven de las explicaciones e incluso de hasta ejemplos concretos de Wunderlich para exponer su interpretación acerca del *Präsens*. De esta manera obran, entre otros, M. Markus (1977), Grewendorf (1984), Ballweg (1981, 1984), Confais (1990), Zeller (1994) o Radtke (1998).

En último lugar haremos referencia a dos autores que muestran una exposición del *Präsens* que no coindide con las anteriores ni en la forma ni en el resultado.

El primero de ellos, M. Herweg (1990, 166) trata el presente aleman desde un punto de vista deíctico, esto es, teniendo en cuenta exclusivamente la relación de la forma verbal con el punto básico de relaciones temporales que marca el presente y que denomina "Orientierungszentrum". Según Herweg, "durch Präsens wird eine Argumentzeit eines Zustands oder die Zeit eines Ereignisses (…) mit der Äußerungszeit identifiziert oder in einer Zeitspanne lokalisiert, die auf die Äußerungszeit folgt und mit ihr verbunden ist".

Con ello el *Präsens* indica proximidad ("PROX"). Los diferentes usos del presente alemán responden a características deícticas. Existen dos usos con "deiktische Merkmale", "identisch mit dem Orientierungszentrum" (uso presentivo) e "in Verbindung mit dem Orentierungszentrum" (presente resultativo), así como un uso no deíctico del *Präsens*, "nach dem Orientierungszentrum" (presente pro futuro).

D'Alquen (1997, 111) parte de una definición unitaria para todos los usos del *Präsens*: "All uses of the present are based on its primary funcion of implying that the event occurs at the moment of speech". Distingue un uso modal del *Präsens*, de temporalidad futura, otro metafórico, dividido en un "present for imperative", un "historic present", un presente narrativo y un "present of receiving information", y un tercer uso expositorio, subdividido en un "programme present" (presente de planes), un "tabular present", un "artistic content present" (presente performativo) y un "headline present". Característica común a todos estos usos y subusos es la categoría del "spread" o extensión de la temporalidad presente indicada por el *Präsens* a las áreas circunvecinas del pasado y del futuro.

Hay que remarcar que, a pesar de las diferentes clasificaciones que muestra la literatura sobre el *Präsens*, todos los autores describen los mismos contenidos temporales. Por eso, en este trabajo se considerará y describirá al *Präsens* desde un punto de vista práctico, por lo cual se renunciará a establecer una definición unitaria que abarque todos sus usos. Las variantes de significado alemanas del *Präsens* a las que equivalga el presente español o que rindan usos temporales españoles presentivos expresados con formas verbales diferentes serán descritas conforme a su temporalidad. Esto es, podrá haber variantes de significado presente, pasado y futuro. Además, habrá que tener en cuenta que con el *Präsens* es igualmente posible referirse a la atemporalidad de un enunciado, esto es, a la expresión de contenidos generales. Y, en tercer lugar, se deben integrar en el esquema de equivalencias aquellos posibles usos donde lo modal prima sobre lo temporal.

2.4. EL FUTUR I DE INDICATIVO ALEMÁN Y SU DESCRIPCIÓN

El futuro simple o *Futur I* es, en alemán, una forma temporal que, por su semántica, no se refiere exclusivamente a la forma temporal física del futuro ni es la única forma con la que se puede expresar futuro. De hecho, como se ha visto en el análisis del *Präsens* y, en concreto, del *Zukunftspräsens*, y como resalta Brons-Albert (1982, 98-99), este uso futuro del presente es, estadísticamente, la forma más utilizada para hablar de actos, acciones o estados que están aún por venir o pasar.

El *Futur I* se diferencia formalmente del *Präsens* o del *Präteritum* por el hecho de tratarse de una forma compuesta. El *Futur I* se desarrolló y estableció como tal forma en el período histórico denominado *Mittelhochdeutsch* y *Frühneuhochdeutsch* como la unión de un verbo de características modales – "werden"- y el infinitivo del verbo principal. En otras lenguas germánicas el futuro se compuso de la misma manera, aunque se tomaran diferentes verbos modales como auxiliares de futuro, así por ejemplo "will" en inglés, "zullen" en neerlandés y "skal" en las lenguas escandinavas. Algo parecido pasó también con las lenguas románicas, donde el futuro es una amalgama del infinitivo y del verbo auxiliar "habeo".

Sin embargo, mientras en este último grupo de lenguas el futuro perifrástico modernamente se comporta como un tiempo sintético más, en alemán la forma de futuro sigue estando compuesta por dos partes, formando lo que H. Weinrich (1993, 230-231) denomina "Grammatikalklammer". Por esta razón, y porque el carácter modal inherente al verbo "werden" aún se conserva en la perífrasis futura "werden + Infinitiv", el *Futur I* posee usos temporales que rozan lo modal. De ahí que haya algún autor como R. D'Alquen (1997, 113) que subraye la inestabilidad semántica del futuro temporal-modal: "Future tenses in general are semantically unstable. Chronologically they are typically related to modals of obligation and volition". Esta consideración debe ser tomada siempre en cuenta, ya que sin la componente modal es imposible describir de modo efectivo los diferentes usos temporales del *Futur I*. A este respecto afirma Admoni (1970, 189): "In der Sphäre der Zukunft gestaltet sich der Gebrauch der Zeitformen etwas anderes als in den anderen Zeitsphären. Das Wesentlichste dabei ist die mächtige Entwicklung der modalen Bedeutung".

Tanto es esto así, que en muchos estudios modernos sobre la temporalidad en alemán se ha llegado a plantear una crisis de la futurabilidad. Si el significado temporal o los significados temporales expresados por el *Futur I* están siempre provistos de una semántica descriptiva, es legítimo preguntarse si es factible seguir considerando al *Futur I* al mismo nivel gramatical que al *Präsens, Präteritum* o *Perfekt*. Es decir, los temporólogos se han preguntado si pueden describir el *Futur I* como un tiempo o si, por el contrario, es más adecuado ver en los usos verbales de esta forma modos o modalidades de expresión no temporales:

> "Die große Streitfrage in der Diskussion um das deutsche Futur ist bekanntlich, ob überhaupt mit einem eigenen Tempus Futur zu rechnen ist, d.h. ob *werden* (+ Infinitiv) den perfektbildenden Hilfsverben *haben, sein* als futurbildendes temporales Hilfsverb zur Seite gestellt werden muss (oder kann) oder ob die *werden*-Fügung primär zum Ausdruck einer Modalität dient" (Fabricius-Hansen 1986, 141).

Naturalmente hay dos soluciones a la cuestión de si se puede hablar en el caso del *Futur I* de un tiempo o, por el contrario, si hay que describirlo como un modo.

Un grupo de autores no demasiado numeroso y, en su mayoría, enfrentados con la gramática tradicional, niegan toda temporalidad al *Futur I*, al que le confieren, ante todo, carácter modal. Por eso los denominaremos modalistas.

Otro grupo, más importante por el número de estudiosos que lo integran, siguen fieles al esquema tradicional divisorio de los tiempos verbales en tiempos de presente, pasado y futuro, y aceptan al *Futur I* como un tiempo más. Llamaremos a estos autores temporalistas.

Esta polémica sobre el carácter modal o temporal del *Futur I*, que Confais (1990, 266) llama "guerre du futur", fue abierta por Saltveit (1960), que por primera vez distingue un uso temporal y un uso modal del *Futur*, dependiendo de si la forma en cuestión se refiere al futuro o es una suposición (modal) sobre el presente. A raíz de esta interpretación los expertos se decantan por el modalismo o el temporalismo.

Los modalistas, entre los que se encuentran gramáticos como Vater, Bartsch, Vennemann o Engel, son de la opinión de que el *Futur I* únicamente está caracterizado por factores modales, y que el verbo "werden" auxiliar de futuro se comporta de la misma forma que un verbo modal. Para estos expertos, el tiempo

2. Descripción de presente y futuro en las gramáticas

que pueda expresar la forma compuesta de *Futur I* es algo completamente secundario y relegado a un segundo plano, dependiendo del factor modal.

Uno de los primeros autores en reaccionar ante la bifurcación significativa que Saltveit hace del *Futur I* es Brinkmann (1966, 328), quien define el futuro como un modo y afirma que refleja la "Einstellung des Sprechers". Al definir el futuro simple alemán como un modo, Brinkmann aleja conceptualmente el futuro del grupo de los verbos modales. En definitiva, para Brinkmann el *Futur I* es un modo que está relacionado tanto con el tiempo presente como con los verbos modales sin integrarse en ninguna de estas dos categorías.

Sin embargo, el modalista más conocido es H. Vater, quien en 1975, en un artículo que surge como contestación a la afirmación de Saltveit "ein Futur ohne Zeitfunktion ist formaliter und realiter ein Unding" (Saltveit 1960, 47), formula su conocida "Modalitätshypothese", postulando que el conjunto "werden + Infinitiv" se comporta semánticamente como un verbo modal más:

> "Es existiert im Deutschen kein futurisches Tempus (...) Die Konstruktion mit werden fügt dem Präsens keine temporale, sondern eine modale Bedeutung hinzu; die modale Bedeutung verhindert den Gebrauch der werden-Konstruktion in Fällen, wo reine Zukunft bezeichnet werden soll (...) oder wo ein zukünftiges Ereignis als bezweckt, gewünscht oder befohlen dargestellt wird" (Vater 1975, 103).

La expresión de futuro no modal es, según Vater, imposible mediante la forma de *Futur I*; para ello se necesita un *Präsens* de referencia futura (Vater 2007, 68ss). El razonamiento de Vater alberga cierta lógica, aunque sorprende el hecho de que extrae sus conclusiones siempre de ejemplos que han sido verbalizados en tercera persona. La elección de la persona no es fortuita, ya que es bien conocido que en el futuro la tercera persona confiere al enunciado en la mayor parte de los casos un carácter de suposición, esto es, modal.

Paralelamente a Vater, Fleischer (1975, 143) también indica que el *Futur I* tiene como significado principal señalar modalidad, y especifica qué tipos de contenidos modales puede expresar: "Das Futur I enthält meist modale Bedeutungskomponenten wie Ausdruck einer Versicherung, der Vermittlung oder nachdrücklicher Aufforderung".

Bartsch (1980, 79-80) incluye la perífrasis "werden + Infinitiv I" dentro de la categoría "potentiell", que define como "das syntaktische Verhältnis Modal-" y a la que también y en consonancia con la denominación se refiere como "Modalität": "Die Formen X *wird* etwas *tun / werden / sein / haben*' und ihre passiven Entsprechungen (...) lassen sich ebenfalls nicht temporal differenzieren (...) Dem Komplex nach ist 'werden 'Infinitiv I' eindeutig ein modaler".

Vennemann (1987, 236) está de acuerdo con la postura de los autores anteriores: el *Futur* (I y II) no es una "temporale Kategorie", sino un "Modalverbgefüge". La contribución que Vennemann hace a la discusión modalista-temporalista es la consideración de que, dentro de lo modal, la forma del *Futur I* indica un contenido temporal presente y no futuro, tal como sucede con las perífrasis de los verbos modales en presente.

Engel (1988, 468, 2004, 248-249) tampoco incluye el *Futur I* en el inventario de las formas verbales temporales. El nombre de *Futur I* no aparece en su exposición de "werden" como "Modalverbkomplex". Engel habla de "*werden*-Gefüge" o "futurbildendes Verb". Sin embargo, este autor, al contrario que Vennemann, no equipara totalmente este "werden-Gefüge" con los verbos modales, puesto que muestra diferencias de uso sintácticas: es un verbo modal defectivo en cuanto que le falta el *Präteritum* y el *Partizip II*, y no puede depender de otro verbo modal. Aún así, afirma en consonancia con Vater: "Semantisch verhält sich *werden* jedenfalls weitgehend wie die anderen Modalverben".

Otros autores que defienden la modalidad del *Futur I* son Glinz (1970, 132-143), Erben (1980, 99), Griesbach (1980, 29-30), Ballweg (1986, 163-165, así como en Zifonun 1997, 1699-1701), Ten Cate (1989, 30), Valentin (1997, 53), y T. Buck (1999, 78-79).

El otro grupo de autores sí cuenta al *Futur I* como integrante del sistema temporal alemán. Entre los autores pertenecientes a este grupo se encuentran Wunderlich (1970), y todos aquellos gramáticos que postulan un sistema temporal de seis tiempos, con diversas variantes de significado o no, por ejemplo Helbig/Buscha (2001), W. Flämig (1980), Dieling/Kemptner (1983), L. Götze/E. Hess-Lüttich (1999), Sommerfeldt/Starke (1992), Hentschel/Weydt (1994) o Duden (2005), además de Gelhaus (1969) o Matzel/Ulvestad (1982). Este último colectivo de autores ataca la "Modalitätsthese" de Vater (1975) subrayando que la perífrasis en cuestión posee siempre un significado modal invariable inherente a la forma, que, no obstante, es secundario. Esto es, el uso de la perífrasis "wer-

2. Descripción de presente y futuro en las gramáticas   57

den + Infinitiv", si bien está unido a la modalidad, no es modal, pues no es comparable a los verbos modales, incapaces de expresar por sí solos relaciones temporales. Por esta razón, al igual que en el caso del *Präsens*, el *Futur I* no es un tiempo semánticamente homogéneo, sino que puede expresar más de un significado temporal y/o modal.

En este caso se nos plantea el mismo problema que hemos visto en el caso del *Präsens*: si el *Futur I* no resulta ser un tiempo semánticamente homogéneo, ¿es posible encontrar un significado unitario que agrupe los subsignificados que pueda tener?

La respuesta a esta cuestión divide a los temporalistas. Un grupo muy pequeño que se basa ante todo en la gramática tradicional es temporalista unitario, es decir, describe el *Futur I* como un tiempo con un solo significado.

Otro grupo mucho más numeroso de autores presupone dos variantes del futuro simple, una de presente, que puede ser interpretada como modal, y otra de futuro, que será temporal. No se trata de un grupo de transición entre las posiciones temporalistas y modalistas, ya que para estos estudiosos, el *Futur I* es un tiempo, no un modo, con una doble interpretación temporal, que en un segundo plano, implica una diferenciación temporal/modal. En último lugar, hay otros gramáticos para los cuales el *Futur I*, siendo un tiempo, presenta varios usos significativos.

La gramática tradicional únicamente distingue un uso, aquel que se refiere al período temporal aún no comenzado, al futuro propiamente dicho. En palabras de Gelhaus (1969, 17), que es uno de los pocos autores de importancia que aún maneja esta tesis: "Das Futur I drückt aus, dass ein Tun im Sprechzeitpunkt nicht abgeschlossen ist und noch nicht begonnen hat". De esta manera el *Futur I* es sustituible por el *Präsens*.

Esta tesis, muy clara en su concepción y muy cercana a la gramática tradicional, es revisada por Gelhaus en un segundo artículo también publicado en el volumen de 1969. Allí Gelhaus propone un uso modal diferenciado:

"Ganz allgemein lässt sich die Leistung des Gefüges beschreiben als eine 'Vorhersage'. Des näheren wird zwischen zwei Hauptvarianten (HV) und zwei Nebenvarianten (NV) unterschieden, wobei die Hauptvarianten 'Vorsichtige Behauptung, Annahme, Vermutung' und 'Voraussage' gegenüber 'Vorhersage' eine Auffächerung bedeuten, die

Nebenvarianten 'Absicht, Enschuss' und 'Befehl' gegenüber der Hauptvariante 2 ('Voraussage') aber eine Ausgliederung" (Gelhaus 1969, 84).

Con este cambio radical de posición, Gelhaus pasa de temporalista a modalista, y esta nueva postura la expone con más amplitud en un estudio monográfico sobre el futuro simple alemán de 1975 (127-146). Los únicos autores de envergadura que se mantienen fieles al temporalismo unitario son Sommerfeldt/Starke (1992, 69).

La mayor parte de los temporalistas distinguen dos significados del *Futur I*, uno de futuro propiamente dicho, y otro de presente. Esta es la posición que defiende Saltveit (1960), que parte de la tesis de que el *Futur I* es un tiempo de "Gegensätze", al expresar o poder expresar tiempo presente y tiempo futuro, como se desprende de las oraciones ejemplo "es wird (schon) wahr sein" y "er wird (schon) (bald) kommen". Llega a la conclusión que el *Futur I* es un tiempo con dos funciones básicas, una modal y otra temporal, la primera responde a una temporalidad presente y la segunda a una futura. Saltveit responde a la cuestión que él mismo se plantea diciendo que los términos modal y temporal no se excluyen y que estas dos magnitudes están "im Verhältnis einer umgekehrten Variation", es decir que en creciente función temporal las características modales tienden a desaparecer, y viceversa. Por lo tanto, el *Futur I* no es un modo, sino un tiempo con dos funciones, una temporal y otra modal, que responden a dos temporalidades diferentes, de futuro y de presente.

La gramática de Helbig/Buscha (2008,137-138) recoge el planteamiento binario de Saltveit y describe un *Futur I* con dos "Bedeutungsvarianten", un "Futur I zur Bezeichnung eines vermuteten Geschehens in der Gegenwart", que obligatoriamente está conectado con un "Modalfaktor der Vermutung", y un "Futur I zur Bezechnung eines zukünftigen Geschehens", que a su vez está subdividida en una subvariante que expresa "Absicht" y otra que indica "Befehl".

Estas dos variantes que señalan Helbig/Buscha en su "Neubearbeitung" de la gramática de 1972 son las recogidas por la mayor parte de las gramáticas de uso del alemán. Así, en los "Grundzüge" (1981, 515) se habla de un futuro simple "mit Zukunftsbedeutung" y "Gegenwartsbedeutung", Dieling/Kemptner (1983, 49) las denominan "Zukunft-Futur I" y "Gegenwart-Futur I", L. Götze/E. Hess-Lüttich (1999, 102-103) distinguen "zukünftiges Geschehen" de significado

2. Descripción de presente y futuro en las gramáticas

modal ("Vermutung", "Versprechen") de "Gegenwärtiges", y Duden (2005, 514-515) explica un *Futur I* con "Zukunftsbezug" y otro con "Gegenwartsbezug".

Hentschel/Weydt (2003, 97) aceptan también esta posición, señalando, no obstante, que no todos los verbos pueden ejecutar las dos funciones del *Futur I*. Los verbos perfectivos, por ejemplo, no pueden expresar una "rein modale Bedeutung", puesto que ellos "stellen regelmäßig einen Zukunftsbezug her".

D'Alquen (1997, 119) es igualmente de esta opinión, aunque establece una jerarquía: el rango principal o primario es futuro, mientras que el secundario es presente: "For the construction *werden* + infinitive, the future tense, the primary range is future, the secondary range is present time". Un intento de análisis alternativo de "werden" como verbo modal no es satisfactorio por cuestiones morfológicas y por el hecho de que existe un futuro obligatorio.

Otros autores que señalan una variante modal de presente y una temporal de futuro son Fabricius-Hansen (1986, 141), Eisenberg (2006, 111), Kunze/Jung/Küstner (1987, 101), Flämig (1991, 395), Thieroff (1992, 124-125) y M. T. Rolland (1997, 59). Mugler (1988, 112-118), por su parte, habla de una "aspektuale" y de una "modale Verwendung".

Varios usos significativos presenta el *Futur I* para Jung y Wunderlich. Jung (1988, 218) añade a las dos variantes ya vistas en las líneas anteriores un uso de "energische Aufforderung", y Wunderlich (1970, 117) completa el inventario con un "Futur I in generellen Aussagen", elevando el número de variantes significativas a un total de cuatro.

La polémica entre modalistas, con Vater a la cabeza, y temporalistas, con Saltveit como iniciador, ha marcado la historia de la investigación sobre el *Futur I* en la temporología alemana. Se ha hecho hasta el momento pocos intentos de zanjar la discusión y reconciliar las dos tesis.

Uno de los primeros es el de Leiss (1992, 192), quien para ultrapasar las diferencias entre las dos posiciones introduce en la discusión el término de "Aspektualität" referido al *Futur I*: la "Eigenwilligkeit" del futuro simple alemán "ordnet sich zu einer beeindruckenden Gesetzmäßigkeit (..), sobald man die Kategorie des Aspekts berücksichtigt". Leiss argumenta que los verbos perfectivos no tienden a aparecer en la estructura perifrástica debido a su "Zukunftsbezug" inherente, mientras que con los imperfectivos sucede todo lo contrario.

Otro intento de relativizar las dos posiciones enfrentadas ha sido llevado a cabo por Zeller (1994, 108), quien se posiciona en contra de la "Tempushypothese", que desmonta, y de la "Modalitätshypothese", que tampoco le parece adecuada. Zeller interpreta el *Futur* como una categoría sintáctica no temporal y no modal. Es decir, el futuro está localizado „an anderer Stelle in der Struktur", y por ello, "wird die Kontroverse über eine primär temporale oder eine primär modale Funktion der *werden* + Infinitiv-Konstruktion überflüssig, da sich beide Lesarten gleichberechtigt aus einer Bedeutung ableiten lassen".

Nuestra interpretación del futuro en alemá será temporalista, puesto que consideramos, como otros muchos autores (véase, entre otros, Rothstein 2007, 41), que el *Futur I* es integrante del sistema temporal verbal del alemán al presentar características comunes a otros tiempos como la combinación de las perspectivas temporales, la posible sustitución de formas de *Futur I* por otras correspondientes a otras formas verbales -sobre todo del *Präsens*-, y la existencia de varias variantes de significado.

En este sentido seguimos a Wunderlich y proponemos cuatro variantes de significado, una de referencia futura, otra de referencia presente, una tercera de características atemporales y una cuarta de semántica imperativa, entre las cuales se buscarán en principio las equivalencias españolas del futuro simple.

En la descripción de las correspondencias alemanas mediante estas cuatro variantes de significado jugará un papel importante la persona gramatical, puesto que según la perspectiva personal utilizada, la de primera, segunda o tercera persona, el enunciado puede adquirir un matiz diferente.

En líneas generales, con la primera persona se une la esfera temporal del futuro con la voluntad del hablante, de tal manera que se trata en muchas ocasiones de una declaración de intenciones: "Ich werde keine Milch mehr trinken".

El uso de la segunda persona confiere al enunciado un carácter de pronóstico si nos referimos al futuro, o un fuerte carácter de imperativo: "Du wirst einmal im Gefängnis enden", "du wirst wohl den Mund halten".

La tercera persona excluye prácticamente la interpretación imperativa, dejando abiertas la del pronóstico y, en menor medida, la de la declaración de intenciones.

3. EL PRESENTE ESPAÑOL EN CONTRASTE CON EL ALEMÁN

3.1. NOTAS INTRODUCTORIAS

Como se ha expuesto anteriormente, la aproximación teórico-práctica a la forma temporal básica y más usada del sistema temporal español y alemán, el presente o *Präsens*, difiere en concederle carácter unitario. Veamos la utilidad de esos enfoques en un estudio contrastivo con premisas didácticas como el actual.

La posición de Alarcos (1949, 1970) y Bustos Gisbert (1995) defendiendo un único valor para esta forma verbal caracterizado por ser no modal, no pasado y no futuro, no puede ser adaptada en un estudio que tiene por meta mostrar detalladamente las transferencias e interferencias de cada tiempo. Tampoco nos parece adecuado basarnos en las exposiciones de aquellos autores que otorgan a una variante de significado determinada el estatus de "uso básico" o "principal", en cuanto que, si bien es verdad que existen ciertas variantes que aparecen en el discurso más asiduamente que otras, esto no interesa a la contrastividad temporal, que se debe centrar en describir las diferencias y similitudes de uso de todas las variantes y subvariantes, con lo cual es irrelevante cuál de ellas es la más utilizada o la principal.

Con ello, se postula aquí un presente de significación múltiple y sin un polo descriptivo básico. Estamos de acuerdo, en un primer término, con aquellos autores como Alcina/Blecua (1998) que elaboran un esquema del presente partiendo de la temporalidad. La temporalidad, objeto del presente estudio contrastivo, es la magnitud principal que diferencia y separa los diferentes contextos en los cuales es posible la aparición del presente. Lógicamente, se podrán distinguir un presente de referencia presente, otro de referencia pasada y un tercero de referencia futura:

(1) "Me *encuentro* fatal, pero creo que puedo incorporarme y seguir viviendo sin ayuda".
(2) "Es realmente el colmo lo que pueden llegar a hacer tus agentes de policía. Ayer *matan* a tiros al perro de mi cliente, animal de una raza sudamericana muy rara, e *interrumpen* un acto cultural de un pianista mundialmente famoso".

(3) "Mañana me *voy* de viaje".

Las tres formas verbales de presente marcadas en letra cursiva presentan una temporalidad diferente, por lo que es necesario distinguirlas y analizarlas por separado. Pero el presente, el pasado y el futuro no son las tres únicas magnitudes temporales, puesto que es posible que el tiempo que se indica con una forma verbal no se refiera a ninguna de ellas, sino que adquiera un carácter general o gnómico y que tenga por lo tanto validez fuera de todo límite temporal. Por lo tanto, siguiendo a un gran número de autores como Gili Gaya, Alcina/Blecua, Rojo, Roca-Pons, Matte-Bon, Batchelor, Di Tullio, Kattán-Ibarra, el Esbozo de la RAE, Sastre Ruano, etc., incluiremos en el análisis del presente una variante general, atemporal o gnómica del tipo:

(4) "Todo palacio requiere una restauración constante".

Parte de los autores señalados anteriormente (Gili Gaya, Kattán-Ibarra, S. de la Torre, etc) proponen, como ya se ha visto, un quinto grupo de variantes presentivas, caracterizado por organizar la referencia verbal de una manera no temporal sino ante todo modal. Con ello se reconoce un estatus diferente a aquellos enunciados mediante los cuales no se fija la temporalidad, sino que se expresa una matización modal, como, por ejemplo:

(5) "Tú me *esperas* aquí hasta que vuelva".

Bajo este grupo de usos modales se agrupan subvariantes que aparecen en contextos muy diferentes y por ello es necesario un estudio detallado de las circunstancias de su aparición.

Los cinco usos que han sido ejemplificados y numerados arriba constituyen el esquema básico de la significación presentiva en español y, según Wunderlich (1970, 128), también en alemán. Toda forma de presente puede ser descrita bajo alguna de las cinco referencias. De éstas, las cuatro primeras responden al criterio de la temporalidad y la última es modal. El modo y el tiempo son las magnitudes definitorias del verbo español que se manifiestan externamente al distinguirse el modo indicativo del subjuntivo, con un claro predominio del carácter temporal en el modo indicativo. Para la descripción del presente se aplicará esta distinción estructural al nivel de las variantes de significado.

Sin embargo, si únicamente nos sirviéramos de las magnitudes del tiempo y del modo y no distinguiéramos dentro de ellos otras subvariantes, no podríamos aclarar las diferencias existentes entre las siguientes oraciones:

(6) "*Vivo* en Alemania desde hace cinco años".
(7) "¡*Nieva*! Hoy podré ir a esquiar".
(8) "¿Qué *hace*? ¿No ve que está empezando a llover?".

Todas ellas conforman contextos de presente, pero como se puede fácilmente comprobar examinando los complementos adverbiales existentes o imaginándonos un contexto determinado, no muestran el mismo tipo de temporalidad presente. En el primer caso se trata de una acción habitual que está marcada por el complemento circunstancial temporal *desde hace cinco años*. El segundo ejemplo comenta una acción que está sucediendo en el mismo instante en que el hablante enuncia el verbo, mientras que en el tercer ejemplo la forma verbal cursiva abarca únicamente el presente actual que tiene importancia para el desarrollo de la acción, que quizá haya empezado en el pasado.

La primera acción es durativa y la segunda puntual, con lo cual estamos ante un modo de acción verbal y oracional. Para el tercer ejemplo se puede defender el término de "actual", lo cual se verá más adelante.

Pero no sólo es necesario aplicar el criterio del modo de acción para diferenciar entre los diferentes tipos de temporalidad presente: se pueden aplicar, si son pertinentes, todos los criterios descritos en el instrumentario contrastivo expuesto en Sánchez Prieto (2007), así como otros que se refieren a las funciones textuales que desempeñan.

Por otra parte, las subdivisiones no solamente son posibles en el presente presentivo, sino que serán de gran utilidad también en el presente de pasado, de futuro y en presente modal.

En consecuencia, nuestro modelo descriptivo para el presente español, del cual se parte para efectuar el contraste con el *Präsens* alemán, está estructurado en cinco variantes de significado, cada una de las cuales puede presentar diversas subvariantes dependiendo del comportamiento contextual de cada forma verbal basado, ante todo, en el modo de acción, la coloquialidad, la diatopía, la narratividad y el tipo de texto en el cual se encuentre.

No recogeremos las formas del presente continuo español, en cuanto que hemos delimitado el estudio a las formas simples y compuestas no continuas del indicativo. A este respecto hay que señalar que las formas continuas no suponen ningún obstáculo para la adquisición y el uso correcto del *Präsens* alemán, que desconoce la continuidad a nivel formal, señalándola mediante determinaciones adverbiales, como se verá al invertir el procedimiento comparativo y analizar sucintamente las correspondencias españolas del *Präsens*.

Dentro de la descripción contrastiva se señalarán aquellos usos o subusos similares (transferencias) de los divergentes (interferencias), aunque es de suponer, como apuntan Cartagena/Gauger (1989, 384):

"Da das deutsche 'Präsens' und das spanische 'presente' nicht nur als zentrale Formen ihrer jeweiligen Systeme erscheinen, sondern im Prinzip als extensive Glieder sämtlicher vorkommender Oppositionen mit den übrigen Tempora fungieren, so ist es anzunehmen, dass sie einen weitgehenden Parallelismus in ihren Gebrauchsmöglichkeiten aufweisen".

De hecho, Cartagena/Gauger no encuentran usos divergentes entre los dos idiomas, lo cual se debe a que toman el español como lengua meta. Aquí se partirá del alemán como lengua objeto, y se verá si con el cambio de perspectiva se obtienen resultados diferentes a los expuestos por estos dos autores.

3.2. EL PRESENTE DE REFERENCIA PRESENTE Y SUS CORRESPONDENCIAS ALEMANAS

Este primer gran uso del presente debe entenderse como integrado por un número bastante elevado de subvariantes de significado que tienen en común el desarrollo de la acción dentro de unos esquemas de combinación de perspectivas que responden a la coincidencia -absoluta o relativa, esto es, total o parcial- del momento del acontecimiento y acto de habla: la acción expresada por el predicado tiene lugar en el momento mismo en que es pronunciada, entendiendo por 'momento mismo' una horquilla temporal dentro de la cual está situada el punto *origo*. Común a todas las subvariantes será también, en principio, la no narratividad o comentabilidad que indican, así como la ausencia de elementos modales y la posibilidad de combinación con expresiones adverbiales de presente.

Los gramáticos y los teóricos que se han ocupado del presente señalan esta variante presentiva en primer lugar en sus exposiciones, y algunos de ellos realizan subdistinciones basadas, ante todo, en el modo de acción. De esta manera señalan subvariantes puntuales y durativas y/o habituales. Además hablan de otros tipos de presente de referencia presente de características actuales y descriptivas. Dejando de lado a aquellos autores que se refieren con alguno de los términos anteriores a todas las variantes presentivas, como Sánchez Márquez (1972, 333), para quien "como tiempo absoluto [el presente] tiene valor puntual", es lícito basarse en estos autores para postular subvariantes de significado de influencia accional y funcional.

EL PRESENTE PUNTUAL Y SUS CORRESPONDENCIAS EN ALEMÁN

Una de las dos subvariantes de significado del presente presentivo de naturaleza accional es el presente puntual. Este uso es descrito por Rojo (1974, 94-95) como la indicación de "una acción simultánea al origen". Marca, "acciones de corta duración, por lo que se puede pensar en una coincidencia total entre el enunciado lingüístico de la acción y la acción misma". Del mismo modo afirma Hernández Alonso (1996, 425) que "se refiere a nociones inmediatas que se desarrollan en el instante presente del hablante".

En este sentido utilizaremos aquí el término: se incluirán en él aquellos predicados en los que la acción se desarrolle de modo estrictamente paralelo al acto de habla, lo que tendrá como consecuencia que estemos ante un presente momentáneo cuya temporalidad se cubre por completo con el momento de la emisión fónica. A pesar de que el mismo Rojo (1974, 95) afirme refiriéndose al presente puntual que "la simultaneidad no puede ser concebida de un modo tan estricto" y de que López García (1998, 434) defina la variante como un presente "en el que la enunciación coincide aproximadamente con el enunciado", creemos necesario recalcar precisamente la puntualidad estricta del presente puntual, pues esto tendrá consecuencias en la elección del modo de acción y en las posibilidades de neutralización de la subvariante. Para aquellos usos donde el verbo en presente mantenga una relación de sentido amplio entre el origen y la acción expresada reservamos otro subuso, que llamaremos presente actual.

La mayor parte de los autores, no obstante, no distinguen presente puntual de presente actual.

Los enunciados pertenecientes al presente puntual tienen como característica principal la accionalidad puntual. Su modo de acción es exclusivamente puntual. Veamos un ejemplo:

"- ¡*Nieva*!
El viejo salta de la cama ilusionado como un niño: en su tierra la nieve es maravilla y juego, promesa de rico pasto y gordas reses. Al ver caer los copos de nieve se asoma a la ventana, pero en el fondo del patio no hay blancura" (Sonrisa 46).

En este fragmento se aprecia claramente que el protagonista de la novela exclama "¡nieva!" justo en el momento en que se asoma la ventana. Al hablante no le interesa si anteriormente ha nevado o si lo hará después, con *nieva* expresa únicamente la coincidencia temporal entre lo que dice y lo que sucede. La traducción alemana recoge también este tipo de accionalidad:

"Es *schneit*!
Der Alte springt, glücklich wie ein Kind, aus dem Bett: da, wo er herkommt, ist Schnee ein Wunder und ein Spaß, ein Versprechen für saftige Weiden und fette Rinder. Als er die Flocken fallen sieht, beugt er sich zum Fenster hinaus, aber keine weiße Decke liegt über dem Boden des Innenhofs" (Sonrisa, trad. 44).

Como se puede observar, *schneit* y *nieva* muestran las mismas características definitorias: ambas formas se encuentran situadas en contextos presentes y describen un proceso que tiene lugar en el mismo momento en que se profiere el enunciado. Nótese que se trata de un modo de acción puntual oracional en ambos casos, ya que tanto "nevar" como "schneien" presentan, en principio, carácter durativo. Por lo tanto, el presente presentivo destaca por la accionalidad puntual del modo de acción oracional, no del verbal, aunque, por supuesto, una gran mayoría de los predicados que conforman esta subvariante tienen también un modo de acción verbal puntual:

"-¡Jefe!-gritó al fin desde abajo.
-¿Pasa algo?
-Na. Que ya está. ¡La mecha esta arde con un gustito!
-¡Arriba! ¡Arriba ahora mismo!

3. El presente español en contraste con el alemán   69

Todos tiran. Y justo cuando el Dámaso gatea ya por encima de la peña, una tremenda explosión *revienta* el aire y retumba largamente en los ecos de los montes" (Río 84, alt).

En este ejemplo se ve claramente cómo el proceso de arder la mecha conduce a la acción puntual de "reventar", verbo de por sí puntual. En alemán sucede lo mismo:

"<<Chef!>> kam endlich der Ruf von unten.
<<Gibt's was?>>
<<Nichts. Es ist schon soweit. Diese Lunte brennt, dass es eine Freude ist!>>
<<Hoch! Sofort hoch!>>
Alle ziehen. Und gerade als der Dámaso über den Felsen klettert, *wird* die Luft von einer schrecklichen Explosion *zerrissen*, die lange in den Bergen widerhallt" (Río, trad. 73, alt).

Si obviamos el hecho de que la forma española es traducida por una pasiva al alemán, nos encontramos ante un verbo, "zerreißen", de características similares a "reventar" por lo que respecta al modo de acción. Común tanto a *revienta* como a *wird zerrissen* es la mínima duración de la acción verbal, que comienza y termina en el mismo instante.

Entre el ejemplo inmediatamente precedente y el anterior que tiene como núcleo del predicado a *nieva/schneit*, hay una diferencia en el modo de acción verbal, que se exterioriza en la posible neutralización del verbo español durativo "nevar" mediante el presente continuo y la imposibilidad de formar la forma continua con el verbo puntual "reventar":

(1) "¡Está nevando!".
(2) *"Una pequeña explosión está reventando el aire".

Este uso del presente continuo sirve para localizar exactamente una acción dentro de un grupo de acciones similares en progreso, con lo cual no se trata de un uso continuo sino de uno estrictamente puntual que, sin embargo, sólo es posible con verbos que marcan la sucesión de acciones donde se integra la acción particular en concreto de modo durativo. Por eso, los verbos de semántica puntual como "reventar" no son susceptibles de ser combinados con la forma continua.

En alemán, idioma en el que la expresión de la continuidad no es verbal (con la excepción de la "Verlaufsform", cuyo estatus gramatical es objeto de discusión, véase Van Pottelberge 2004, 182ss), sino eminentemente léxica, no existe tal restricción, en cuanto que un medio léxico que exprese continuidad como "eben", "gerade" o "jetzt" se puede integrar en un enunciado dominado por un verbo puntual:

(3) "Es schneit gerade!"
(4) "Gerade als er über den Felsen klettert, wird die Luft von einer Explosion zerrissen".

Por lo tanto, tenemos una diferencia de utilización contextual entre el presente puntual español de modo de acción verbal puntual y su correspondiente forma alemana.

Por lo que respecta al aspecto verbal, los dos ejemplos anteriores y sus respectivas traducciones muestran diferencias básicas: "nevar"/"schneien" son de aspecto imperfectivo, mientras que "reventar"/"zerreißen" son claramente de aspecto perfectivo al señalar el principio y el final de la acción.

La coloquialidad no es relevante en la descripción del presente puntual, ya que no juega ningún papel: es neutra. Además se trata de enunciados que pertenecen a la lengua estándar. Como formas presentivas, los ejemplos que se puedan encontrar del presente puntual español o alemán tendrán siempre carácter comentado: se refieren a acciones con tensión actual. Tampoco la modalidad es un criterio distintivo de esta subvariante.

La adverbialidad temporal, por el contrario, debe ser analizada en detalle. Como presente puntual, es de esperar que los enunciados sean compatibles con complementos adverbiales de referencia presente que se refieran a un punto concreto dentro del presente, tal es el caso, por ejemplo de "ahora mismo"/"gerade"/"eben", etc. Ya hemos aludido a "gerade" y "eben" como formantes de una forma que equivale al presente continuo español que indica puntualidad absoluta dentro de una serie de acciones en progreso. Veamos ahora si estos grupos adverbiales son posibles con el presente puntual español:

(5) "Ahora mismo/en este momento nieva".
(6) "Una tremenda explosión revienta en este momento/ahora mismo el aire".
(7) "En este momento llega a casa".

En (6) y (7), donde el modo de acción verbal es puntual, no parece haber problemas de compatibilidad, mientras que (5) es una oración un tanto extraña: el hablante nativo prefiere la forma continua "ahora mismo/en este momento está nevando". Esto se debe a la semántica durativa del verbo, lo cual confirma lo anteriormente expuesto: en español el presente puntual de verbos accionalmente durativos es posible, aunque sea más común expresar ese significado por medio del presente continuo de significado puntual.

Ni en español ni en alemán es posible combinar el presente puntual con adverbios de temporalidad diferente. Tampoco lo es con los de referencia temporal indeterminada ni con los de referencia temporal indiferente:

(8) "El lunes nieva / Am Montag schneit es".
(9) "En invieno nieva / Im Winter schneit es".
(10) "Una pequeña explosión revienta siempre (raramente) el aire / Die Luft wird immer (selten) von einer Explosion zerrissen".

El primer ejemplo (8) muestra temporalidad futura, puesto que *el lunes* y *am Montag* en conjunción con un presente adquieren significado prospectivo. El segundo ejemplo (9) no es puntual; "nevar"/"schneien" son, por una parte, accionalmente durativos y no son contextualizados de forma puntual como en las oraciones originales, y por otra el grupo adverbial señala en las dos lenguas una acción general. Lo mismo sucede en (10), donde los verbos puntuales adquieren un modo de acción oracional durativo habitual mediante *siempre* (*raramente*)/*immer* (*selten*).

Por lo que a la deixis temporal se refiere, el presente puntual es combinable con adverbios deícticos como "ahora"/"jetzt", "en este momento"/"in diesem Augenblick" y semideícticos como "ahora mismo"/"gerade"[3], etc. Ninguno de estos complementos adverbiales cuantifican la temporalidad, ya que en el caso de hacerlo, como en el último ejemplo señalado, el enunciado deja de tener el carácter puntual propio del enunciado donde aparece. Son todos adverbios determinantes: determinan el ahora absoluto coincidente con el punto *origo*.

En resumen: el **presente puntual** español se expresa en alemán por otro presente que presenta características similares y que podemos denominar *punktuelles Präsens*, tratándose, con ello, de un caso de transferencia lingüística. Existen, no obstante, dos diferencias a nivel de uso. En primer lugar, el presente pun-

---
[3] Nótese que "eben"/"gerade" no siempre expresan puntualidad: "Ich baue eben/gerade ein Haus" no es un enunciado puntual, sino actual.

tual de modo de acción verbal durativo español tiene un uso menor que el alemán, sustituyéndose comúnmente por una forma continua (estar + inf.) de igual significado, mientras que las formas de los verbos puntuales no admiten la transformación en formas continuas, y en segundo lugar, ese presente puntual de verbos durativos es reacio a combinarse con complementos adverbiales de referencia presente puntual ("ahora mismo nieva"). En alemán el presente puntual de verbos durativos es más común, pero tanto éste como el presente puntual de los verbos puntuales son compatibles con los complementos "eben"/"gerade" mediante los cuales se componen léxicamente las formas progresivas alemanas.

EL PRESENTE DURATIVO Y SUS CORRESPONDENCIAS EN ALEMÁN

La segunda de las subvariantes accionales del presente de referencia presente del paradigma de indicativo español es el presente durativo, denominación bajo la que entendemos "una acción que se realiza cuando se está hablando, pero que ya se estaba produciendo antes y seguirá produciéndose después" (Hernando Cuadrado 1994, 118), de modo repetido o habitual o no. Es decir, las acciones expresadas por el presente durativo no sólo tienen que estar ancladas en el presente, en la actualidad del hablante, sino que además deben haber comenzado en un momento anterior al acto de habla y durar hasta otro momento no concreto situado a la derecha del punto origen o cero. En esta subvariante incluimos aquellos usos que la bibliografía denomina durativos o habituales, ya que la habitualidad en el presente no es más que la extensión del significado del predicado hacia el pasado y el futuro por medio de la repetición o iteración de la acción marcada.

En este sentido seguimos a multitud de teóricos que no distinguen entre la durabilidad y la habitualidad en el presente. Así, Gili Gaya (2002, 155) habla de "actos discontinuos que no se producen en este momento, pero se han producido antes y se producirán después", y Alcina/Blecua (1998, 791) anota que "la información transmitida por el presente vale tanto para el pasado inmediato como para el futuro próximo en una línea de constante reiteración". En términos parecidos se expresan Rojo (1974, 95), Hernández Alonso (1996, 425), Porto Dapena (1989, 49), quien introduce la denominación de "presente cíclico o iterativo", Kovacci (1992, 81), Garcés (1997, 20), etc.

De entre los gramáticos más sobresalientes, sólo tres separan el presente durativo del habitual. Pérez Rioja (1971, 333) señala un presente persistente, que ejemplifica con la oración "viven en Sevilla hace muchos años", y que equivale a un presente de características meramente durativas, y uno habitual ("comemos a las dos"). Hernando Cuadrado (1994, 118) esgrime el mismo argumento, al igual que R. Sarmiento (1997, 201). La idea subyacente a sus breves exposiciones debe ser tenida en cuenta: un presente habitual señala una acción que se repite continuamente, sin precisar si se trata de verbos durativos ("trabaja ocho horas todos los días") o puntuales ("las bombas estallan todos los días a las siete de la mañana"), mientras que en el presente durativo solamente tienen cabida verbos durativos. Lógicamente esto es cierto únicamente si se considera el modo de acción verbal y no el oracional, porque en este último caso habrá que admitir que los enunciados "las bombas estallan todos los días a las siete" / "die Bomben gehen jeden Tag um sieben Uhr hoch" son accionalmente iterativos y poseen una semántica que se halla cerca de la durativa.

Por esta razón preferimos analizar los enunciados durativos y habituales dentro de una misma subvariante, que denominamos "durativa" por ser lo habitual, en la mayor parte de los casos, también durativo.

La característica general de esta subvariante de significado es la duración habitual o no habitual de la acción que marca el contexto por medio de referencias contextuales o de elementos léxicos.

Como se ha adelantado en las líneas anteriores, el modo de acción de los verbos que conforman presentes durativos no tiene por qué ser durativo:

(1) "El semáforo *salta* cada tres minutos de rojo a verde" / "Die Ampel *springt* alle drei Minuten von Rot auf Grün".

Las formas *salta* y *springt* son verbos puntuales que se contextualizan de modo durativo. Por lo tanto, la característica general por la cual son presentes durativos es el modo de acción oracional. Como se puede apreciar, la estructuración interna de estos enunciados es paralela a la del presente puntual: el contexto decide la realización semántica de la aspectualidad.

Los medios por los cuales se produce tal contextualización son principalmente, al igual que en la subvariante anterior, de naturaleza adverbial, aunque también se encuentran ejemplos, sobre todo de semántica habitual, donde no es preciso complemento circunstancial alguno.

Veamos un ejemplo con un complemento adverbial durativo:

"El Americano siguió a la mujer y la abordó en la puerta de la cocina.
-Oiga, señora. ¿Cómo se llama este cura?
-Don Ángel Ponce.
-¿Lleva aquí muchos años?
-*Trabaja* aquí *desde hace diecinueve*" (Río, alt. 94).

En este fragmento se aprecia claramente que el sacerdote comenzó a trabajar en el lugar en cuestión hace diecinueve años y que aún sigue trabajando en ese lugar. El verbo "trabajar", ya de por sí accionalmente durativo, ve reforzada su semántica por medio del complemento adverbial *desde hace diecinueve (años)*. En alemán tenemos un comportamiento similar:

"Der Americano ging der Frau nach und sprach sie an der Küchentür an.
<<Hören Sie, Señora. Wie heißt der Pfarrer?>>
<<Don Ángel Ponce.>>
<<Ist er viele Jahre hier?>>
<<Er *arbeitet* hier *schon seit neunzehn Jahren.*>>" (Río, trad. alt. 82).

Tanto desde *hace diecinueve (años)* como *schon seit neunzehn Jahren* son adverbios de referencia temporal indiferente, en cuanto que no expresan pertenencia a ninguna de las tres magnitudes temporales pasado, presente o futuro. Deícticamente son adverbios semideícticos, pues se orientan desde el presente del hablante, pero son incapaces de determinar su propio anclaje temporal, que se efectúa mediante la forma verbal. Prueba de ello es la posibilidad de decir "hace diecinueve años ya había terminado la carrera" / "vor neunzehn Jahren hatte ich schon meinen Abschluß gemacht", donde se parte del momento de habla y se mira hacia el recuerdo, pero no *"hace diecinueve años trabajaré en Berlín" / *"Vor neunzehn Jahren werde ich in Berlin arbeiten".

Los dos complementos adverbiales textuales son, además, por lo que a la cuantificación adverbial respecta, durativos y determinantes. Se debe señalar, que los adverbios que marcan la duración o la habitualidad de los enunciados del presente durativo también pueden ser cuantificadores numéricos o no numéricos:

(2) "El cura trabaja dos veces por semana" / "Der Priester arbeitet zweimal die Woche".
(3) "Trabaja a veces en la iglesia" / "Manchmal arbeitet er in der Kirche".

Para marcar la habitualidad (y en menor medida la duración) de eventos expresados por verbos puntuales también se puede recurrir a adverbios cuantificadores numéricos y no numéricos:

(4) "El semáforo salta cada tres minutos de rojo a verde" / "Die Ampel springt alle drei Minuten von Rot auf Grün".
(5) "Viene a menudo" / "Er kommt oft".

Se trata de ejemplos donde prima la habitualidad. No obstante, es igualmente posible la combinación de la habitualidad con la duración:

(6) "Desde hace tres días el semáforo salta cada tres minutos de rojo a verde" / "Seit drei Tagen springt die Ampel alle drei Minuten von Rot auf Grün".
(7) "Desde hace tres semanas viene a menudo" / "Seit drei Wochen kommt er oft".

Todos estos complementos adverbiales son semideícticos o anafóricos ("cada tres minutos"/"alle drei Minuten", "a menudo"/"oft", "dos veces por semana"/"zweimal die Woche", "a veces"/"manchmal"), pero nunca deícticos. Además pueden cuantificar la acción de todas las maneras: numéricamente, no numéricamente, determinando o no, y todos son durativos.

En determinadas ocasiones no es necesario ningún complemento adverbial para interpretar el presente como durativo. Esto suele suceder con enunciados durativos de semántica habitual, como en el siguiente:

"El recepcionista del hotel le preguntó si se sentía indispuesto.
-*Duermo* mal-dijo-. Debe de ser el clima.
-El hotel dispone de servicio médico para los señores clientes-dijo el recepcionista-. Tal vez le puedan prescribir al señor un somnífero suave" (Isla 15).

La forma verbal *duermo* inserta en este contexto sólo puede ser interpretada como un hecho habitual, una acción que sucede día tras día durante un período de tiempo no especificado. En alemán la forma de *Präsens* tampoco necesita adverbialidad temporal para expresar el mismo significado que en español:

"An der Rezeption fragte man ihn, ob er sich unpäßlich fühlte.

\>\>Ich *schlafe* schlecht<<, antwortete er.>>Das muss das Klima sein.<<
\>\>Das Hotel stellt seinen werten Gäste einen ärztlichen Dienst zur Verfügung. Vielleicht könnte dem Herrn ein leichtes Schlafmittel verschrieben werden.<<" (Isla, trad. 13)".

En ambos casos, "dormir" y "schlafen" son verbos imperfectivos y accionalmente durativos, lo cual no quiere decir que únicamente verbos de esta aspectualidad puedan ser presentes durativos. No es agramatical afirmar, perfectivizando las dos formas anteriores:

(8) "Me duermo todos los días delante del televisor" / "Ich schlafe jeden Tag vor dem Fernseher ein".

Por lo que respecta a los demás criterios descriptivos, apenas existen diferencias entre el presente durativo y el puntual: la coloquialidad es neutra y el registro estándar, se trata de formas comentadas sin contenido modal alguno que responden a la conocida combinación de perspectivas temporales para las subvariantes presentivas del presente/*Präsens*, esto es, coincidencia del momento del acontecimiento con el acto de habla y el punto de enfoque. Una mínima variación en este esquema de perspectivas suponen los enunciados iterativos o habituales, que conforman una serie múltiple de acontecimientos, con uno de los cuales coincide el acto de habla y el punto de enfoque.

Los enunciados durativos insertos en contextos habituales pueden ser neutralizados, tanto en español como en alemán, por perífrasis de semántica habitual como "soler + inf."/"pflegen + Inf.", en cuyo caso las formas verbales, incluso las accionalmente puntuales, no necesitan contexto especificador de su duración:

(9) "El cura suele venir dos veces por semana" / "Der Priester pflegt zweimal die Woche zu kommen".

En resumen: el **presente durativo** español, dentro del cual podemos distinguir unos enunciados de semántica durativa pura y otros de semántica iterativa o habitual, es expresado en alemán mediante un ***duratives Präsens***. Parece que no existen restricciones a la transferencia del español al alemán: las subvariantes de ambos idiomas presentan las mismas características de uso y pueden ser neutralizadas por perífrasis de significado similar.

EL PRESENTE ACTUAL Y SUS CORRESPONDENCIAS EN ALEMÁN

Una vez analizados los dos tipos de presente que deben su existencia al modo de acción, se analizará una subvariante que podemos situar entre las dos accionales. Estamos ante un subuso que ni puede ser interpretado como estrictamente coincidente con el acto de habla, como lo es el presente puntual, ni muestra una horquilla temporal significativa tan amplia como el presente durativo. Debido a lo complicado de la determinación de los límites exactos que dividen el presente actual de los otros dos, es común que entre los temporólogos haya quienes bien integren el aquí denominado presente actual en una variante con el presente durativo, bien interpreten que el presente puntual ya descrito forma parte del actual.

De esta manera, Gili Gaya (2002, 155) habla de un "presente actual" "cuando el verbo expresa acción continua" y lo caracteriza por su duración, posición que también mantienen Alcina/Blecua (1998, 788-789). Por el contrario, otra serie de autores prefiere analizar el presente actual junto con el puntual. De este modo, para Kovacci (1992, 80) "el presente *actual* indica una acción, proceso o estado que efectivamente coincide con el momento del enunciado. Admite un adverbio u otro modificador con deixis de presente (*ahora, en este momento*, etc.)". De la misma opinión son, entre otros, S. de la Torre (1991, 85), Hernando Cuadrado (1994, 118) y Garcés (1997, 19).

Roca-Pons (1985, 217) y Porto Dapena (1989, 47) incluso proponen una única variante de significado para el presente puntual y el durativo no habitual o reiterativo, a la que otorgan la denominación de "presente actual".

En este trabajo ya se ha separado la subvariante puntual de la durativa, y además se propone, siguiendo a Rojo y a Hernández Alonso, un presente actual. Para Rojo (1974, 95), el presente puntual "no puede darse más que con verbos semánticamente aptos para ello, es decir, verbos de carácter semántico puntual", con lo cual se refiere al modo de acción oracional, mientras que "el uso normal, sin que suponga ampliación de valor, es el que indica coincidencia temporal en sentido amplio entre el origen y la acción expresada. Es el llamado 'presente actual'". Por lo tanto, si la coincidencia entre acto de habla y momento del acontecimiento no es rigurosa, se trata de un presente actual y no de uno puntual. Esta puntualización es importante, porque, como se verá, el presente puntual y el actual se comportan de manera divergente en algunos criterios descriptivos. La posición de Rojo también es defendida por Hernández Alonso (1996, 425) e implícitamente por Sastre Ruano (1995, 29).

Veamos un ejemplo claro de un presente actual:

"-Pues entonces hágame el favor que no me hizo la última vez: dígame cuánto voy a durar. ¿Ha visto hoy algo nuevo?
-No (...) Usted resiste muy bien. Y yo sí le contesté: imposible asegurar nada (...)
-Diga un máximo. Necesito saber.
-Entonces voy a hacerle algunas preguntas.
El profesor interroga meticulosamente al viejo sobre sus sensaciones, sus dolores, su reacción a ciertas comidas, sus deposiciones y orina, acertando con tal precisión que al final el viejo exclama:
-Le felicito, profesor. *Habla* como si lo sintiera todo usted mismo" (Sonrisa 217).

La forma resaltada en cursiva indica una acción que, efectivamente, no se está produciendo en el mismo momento en que el paciente habla: en sentido estricto no hay coincidencia entre el acto de habla y el momento del acontecimiento, ya que el paciente expresa su felicitación al médico una vez que éste ha terminado de interrogarle. Por otra parte, está claro de que *habla* se refiere al presente y que el enunciado, sin mostrar carácter durativo, incluye aquellos momentos del pasado y del futuro más próximos al acto de habla. En alemán se puede observar el mismo fenómeno:

">>Dann tun Sie mir bitte den Gefallen, den Sie mir neulich nicht getan haben: Sagen Sie mir, wie lange ich noch zu leben habe. Haben Sie heute irgend etwas Neues entdeckt?<<
>>Nein (...) Sie halten sehr gut gegen. Und ich habe Ihnen doch geantwortet: Unmöglich, irgend etwas festzustellen (...)<<
>>Sagen Sie mir, wie lange höchstens. Ich muss es wissen.<<
>> Dann werde ich Ihnen einige Fragen stellen.<<
Der Professor befragt den Alten detailliert über seine Gefühle, seine Schmerzen, seine Reaktion auf bestimmte Speisen, seinen Stuhlgang und seinen Urin, und seine Fragen sind so präzise, dass der Alte am Ende ausruft:
>>Meinen Glückwünsch, Professor. Sie *reden*, als ob Sie alles selbst fühlen würden.<<"
(Sonrisa, trad. 219).

En los dos idiomas tenemos un verbo de modo de acción durativo. En la formación de los presentes actuales, los verbos de semántica durativa y estativa son los más frecuentes, ya que su accionalidad es propicia a mostrar una acción no estrictamente concidente con el acto de habla. Podemos buscar un verbo puntual para el contexto anterior, p.e.:

(1) "Usted salta como si fuera joven" / "Sie springen, als ob Sie jung wären".

Observamos que la forma *salta* más que actual parece habitual o iterativa. En ningún caso se puede referir a una horquilla temporal que incluya el presente si no existe un contexto claro de actualidad como en el siguiente ejemplo:

(2) "Ahora llega a casa" / "Jetzt kommt er nach Hause".

Con *llega* y *kommt* se designa una acción puntual pura. Sin embargo, podemos también pensar en un contexto como el siguiente:

(3) "La juventud de hoy llega a casa muy tarde" / "Die Jugend von heute kommt sehr spät nach Hause".

Estamos ante una acción habitual, no una puntual, pero tampoco una actual. Nótese que los verbos durativos que conforman el presente actual pueden ser neutralizados en español por la forma continua del presente y en alemán por elementos léxicos de continuidad, incluso por la "Verlaufsform" del *Präsens*, adaptando estas neutralizaciones una semántica distinta a la que se ha visto con los verbos durativos en el presente puntual:

(4) "Está hablando como si lo sintiera todo usted mismo" / "Sie reden gerade, als ob Sie alles selbst fühlen würden".

Esto no es posible con los verbos de modo de acción verbal y oracional estático ni con los puntuales que expresan habitualidad:

(5) *"Se está quedando en mi casa" (sí: "se queda en mi casa") / *"Er bleibt gerade bei mir zu Hause" (sí: "er bleibt bei mir").
(6) *"La juventud de hoy está llegando a casa muy tarde" / *"Die Jugend von heute kommt gerade sehr spät nach Hause".

Por lo tanto, en español y alemán accionalmente el presente actual está compuesto en primera línea por verbos durativos y estativos. Los primeros son neutralizables por la forma del presente continuo, los segundos no.

El aspecto verbal de los verbos anteriormente analizados como accionalmente durativos o estativos es imperfectivo. En los criterios referentes a la coloquialidad, narratividad, diatopía y modalidad el presente actual presenta los mismos esquemas que el puntual y el durativo.

La adverbialidad presenta un esquema claro. Únicamente son posibles adverbios de referencia presente, aunque éstos no son obligatorios. Además los enunciados actuales se pueden combinar con adverbios semideícticos del tipo "ahora"/"jetzt", "hoy"/"heute", etc. No suelen aparecer con adverbios deícticos porque los adverbios de temporalidad presente, en general, no implican un tiempo determinado -lo mismo le sucede al presente/*Präsens*, que expresa diferentes tipos de temporalidad-. Paralelamente tampoco es común la combinación de esta subvariante con adverbios cuantificadores, en cuanto que al hablante no le interesa indicar cuánto mide la acción verbal.

Resumiendo: el **presente actual** español encuentra en alemán una subvariante de presente similar, que llamaremos paralelamente *aktuelles Präsens*. Se trata de una equivalencia absoluta, ya que, como se ha podido comprobar, las características de ambos presentes coinciden exactamente, aún en lo concerniente a la neutralización, donde para el presente durativo/*duratives Präsens* habíamos encontrado diferencias de uso. Estamos, por lo tanto, ante un caso de transferencia gramatical en el aprendizaje del sistema temporal alemán por parte de hispanohablantes.

EL PRESENTE PERFORMATIVO Y SUS CORRESPONDENCIAS EN ALEMÁN

Ciertos usos presentivos no son abarcados por ninguna de las tres subvariantes anteriores porque designan enunciados en los que se llevan a cabo acciones verbales regidas y efectuadas por una declaración lingüística. Se trata de un presente que tiene como fin el constatar la validez de una declaración idiomática en la realidad.

Este uso del presente no se menciona en la bibliografía española, que junto con la mayor parte de los gramáticos alemanes, lo incluye dentro del presente actual. Creemos, apoyándonos en Wunderlich, Weinrich y Zeller, que este tipo de presente se debe analizar por separado por no coincidir exactamente sus rasgos con los del presente actual. Wunderlich (1970, 116) habla del "Präsens in explizit perfomativen Akten", y Zeller (1994, 51) analiza profundamente el significado y la función de esta subvariante basándose en estudios anteriores de "Sprechakttheorie" de Austin y Searle. Diferencia "zwischen explizit perfomativen Äußerungen, durch die eine sprachliche Handlung mit Hilfe eines die betreffende Handlung beschreibenden Verbs vollzogen wird, und primär (implizit) perfomativen Äußerungen, bei denen sich die vollzogene Handlung erst aus dem Äußerungskontext erschließt". Para Weinrich (1993, 213) es una "Instruktion der Handlungsbereitschaft".

Las diferencias con el presente actual se refieren en parte al modo de acción y, sobre todo, a la neutralización y a la persona gramatical, como veremos a continuación.

Muchos de los verbos que integran el presente performativo, aunque no todos, son verbos de lengua, pensamiento y expresión como "decir"/"sagen", "opinar"/"meinen", "afirmar"/"behaupten", "creer"/"glauben", etc.

Analicemos los rasgos de esta subvariante partiendo de un ejemplo textual y su traducción:

"-Me *confieso* culpable, pero le prohibo hablar de mí hasta que haya terminado de disipar este velo de misterio que la envuelve –dijo," (Isla 42)

">>Ich *bekenne* mich schuldig, aber ich untersage Ihnen, von mir zu sprechen, solange Sie nicht diesen geheimnisvollen Schleier gelüftet haben, der Sie umgibt.<<" (Isla, trad. 43).

Las formas de presente *confieso* y *bekenne* expresan un acto de intenciones del hablante. Es una declaración pública de la culpa del protagonista. Como rasgos esenciales, tanto de las formas españolas como alemanas de significado performativo podemos señalar, en primer lugar, la variabilidad del aspecto verbal y del modo de acción. En el ejemplo textual anterior tenemos dos verbos de aspecto perfectivo y de modo de acción puntual, pero es posible construir enunciados performativos con verbos imperfectivos accionalmente durativos:

(1) "Te *aconsejo* que abandones el juego" (Richter, trad. 142) / "Ich *rate* dir, das Spiel aufzugeben" (Richter 99).

La diferencia aspectual y accional entre los verbos de este ejemplo y los anteriores es la distinta duración de la acción verbal, en cuanto que "confesar" indica un punto definido en el discurso del hablante donde éste transmite su culpa y "aconsejar" mantiene una validez durante un periodo de tiempo indeterminado.

Otra característica definitoria vital es la persona gramatical. Prácticamente todos los ejemplos que se pueden encontrar del presente performativo están en la primera persona. Esto se debe a que una declaración de intenciones sólo es posible desde el yo o el nosotros, nunca desde una segunda o tercera persona:

(2) "Tú te confiesas culpable" / "Du bekennst dich schuldig".
(3) "Ellos se confiesan culpable" / "Sie bekennen sich schuldig".

Estas dos oraciones españolas y alemanas no son performativas. Únicamente descontextualizadas se pueden interpretar como presentes puntuales.

En los ejemplos anteriores no hay complementos circunstanciales adverbiales, aunque éstos son compatibles con las estructuras performativas en presente:

(4) "Hoy/ahora/actualmente te aconsejo que compres acciones de Telefónica" / "Heute/jetzt/derzeit rate ich dir, Aktien der Telefónica zu kaufen".
(5) "Al mismo tiempo te felicito por tu ascenso" / "Zugleich beglückwünsche ich dich zu deiner Beförderung".

La temporalidad adverbial tiene que ser de referencia presente y de deixis semideíctica ("hoy"/"heute", "ahora"/"jetzt") o anafórica ("al mismo tiempo"/"zugleich"). Estos adverbios presentes y semideícticos o anafóricos señalan una cuantificación temporal determinante y, en muchos casos, irrelevante.

Otras características que comparten el español y el alemán en el presente performativo son: la coloquialidad es neutra, pues los enunciados anteriores no permiten diferenciar un uso coloquial de otro no coloquial del presente, las declaraciones lingüísticas introducidas por los verbos de pensamiento o parecidos que conforman esta variante de significado muestran un carácter marcadamente comentado y pertenecen a la lengua estándar sin tener la posibilidad de ser completadas por una componente modal léxica. La combinación de perspectivas es la misma que en las subvariantes anteriores.

El **presente performativo** español y el *performatives Präsens* alemán constituyen un caso más de coincidencia lingüística de uso temporal. Las características de esta subvariante de uso presentivo muestran una estructura semántica similar en ambas lenguas.

EL PRESENTE IDENTIFICADOR Y SUS CORRESPONDENCIAS EN ALEMÁN

Este tipo de presente comparte muchas de sus características con las demás subvariantes presentivas. Es un subuso con características propias que se derivan de su significación concreta: abarca enunciados de carácter identificador que se expresan mayoritariamente con el verbo "ser"/"sein" acompañado de un elemento léxico de carácter deíctico como un adverbio de posición o un determinante o pronombre personal situativo. Aparece sobre todo en expresiones enunciativas predicativas.

Este presente identificador, término que es introducido en el análisis de las estructuras de presente/*Präsens* por Wunderlich (1970, 115) bajo el nombre de "Präsens in identifizierenden Aussagen", establece una relación entre personas, objetos y ámbitos situativos y temporales. Analicemos un ejemplo textual con sus referencias deícticas:

"-Un momento...¿Qué es eso?
-¿Eso? Eso de ahí *son* 'Los Esposos'. Un sarcófago etrusco" (Sonrisa, alt. 10).

">>Einen Augenblick...Was ist das?<<
>>Das da? Das da *ist* 'Das Ehepaar'. Ein etruskischer Sarkophag<<" (Sonrisa, trad. alt. 8).

En los dos fragmentos dos turistas se encuentran ante un sarcófago estrusco y uno de ellos lo identifica. Para ello lo primero es localizar el objeto -podía también ser una persona en otro contexto- mediante *eso de ahí / das da*. La localización depende de la posición espacial de hablante y oyente, que junto con el verbo de accionalidad estática "ser"/"sein" conforman lo que V. Ehrich (1992, 9 y sig.) denomina "positionales Referenzsystem der situativen Deixis".

Los rasgos esenciales del presente identificador, tanto en alemán como en español, son el aspecto verbal imperfectivo, el modo de acción estático y la falta de adverbialidad temporal. Sin embargo, pueden aparecer complementos deíctico-espaciales como "de ahí" o "da" que localizan el evento en el espacio. Igualmente puede existir adverbialidad temporal que no guarde relación directa con la cópula:

(1) "Éste es actualmente mi mejor amigo" / "Er ist heutzutage mein bester Freund".
(2) *"Hoy es un sarcófago etrusco" / *"Heute ist es ein etruskischer Sarkophag".

En (1) *actualmente* y *heutzutage* no mantienen una relación directa con la cópula *es/ist*, ya que se refieren a *mi mejor amigo/mein bester Freund*. La acción verbal identificadora no se ve afectada por la complementación adverbial. De todas formas no es común que en enunciados identificadores aparezcan adverbios o complementos temporales, y con complementos circunstanciales temporales que expresen algún tipo de deixis temporal o cuantificadora que influya en el predicado verbal la combinación no es posible, como en (2). Las demás características del presente identificador coinciden con las del resto de subvariantes presentivas.

Como es de esperar, no se aprecian diferencias de uso entre el **presente performativo** español y el *performatives Präsens* alemán.

3.3. EL PRESENTE DE REFERENCIA PASADA Y SUS CORRESPONDENCIAS ALEMANAS

Con este tipo de presente se expresa, al contrario de lo que sucede con la variante de significado anterior, una temporalidad no presente. De este modo conforma un uso dislocado del presente. Se puede definir, siguiendo a Alarcos Llorach (2005, 156) como el "empleo, tanto en la narración escrita como en el vivo relato coloquial, de las formas de presente para aludir a hechos cronológicamente ocurridos en el pasado". Los enunciados que abarca esta variante de uso determinan, por lo tanto, una acción de referencia pasada.

La función principal de estas formas de presente que se encuentran dislocadas de la fase temporal de presente (Sánchez Prieto 2004: 601ss.) es aumentar la tensión y la emoción en una narración o en un relato, de tal manera que el pasado recobra vida en el presente para revivir la acción del verbo. Por esta razón Hentschel/Weydt (2003, 93) hablan a este respecto de "fiktive Standortverschiebungen", y Wunderlich (1970, 135) de "Vergegenwärtigung": "Es handelt sich stets um Formen einer Vergegenwärtigung, Veranschaulichung, usw. eines eindeutig vergangenen (bzw. innerhalb eines fiktiven Bereichs als vergangen geschilderten) Sachverhalts". En la gramática española estos rasgos que describen Hentschel/Weydt y Wunderlich se han denominado "efecto de inmediatez" (Kovacci 1992, 83).

Como variante de significado pasado, el rasgo más relevante del presente de referencia pasada es la combinación de perspectivas temporales, donde el acto de habla es posterior al momento del acontecimiento y el punto de enfoque coincide con el momento del acontecimiento. Así resume Ballweg (1984, 249) la diferencia entre el presente de pasado y el de presente: "Diese Sätze können wir mit unserer bisherigen Deutung deshalb nicht erfassen, weil es sich bei ihnen um Sätze im Präsens handelt, bei denen sich die Aktzeit offensichtlich nicht mit der Sprechzeit überlappt".

Además de esta combinación temporal, que podemos encontrar también en otros tiempos de pasado como el indefinido o el imperfecto, hay que destacar que la adverbialidad temporal juega un papel muy importante, en cuanto que es necesario que exprese una clara pertenencia del enunciado a un contexto de pasado para realizar la función de presente del pasado. En este sentido podemos predeterminar la estructura adverbial de los enunciados pertenecientes a este presente de referencia pasada: estarán acompañados obligatoriamente por complementos adverbiales de referencia pasada y de cuantificación preferentemente determinante. Además, al expresar pasado, es de esperar que tampoco presenten características modales.

Este tipo de presente es común en la narración biográfica, tabularia y aparece también en los titulares periodísticos como presente histórico, así como en relatos ante todo coloquiales, donde compone el presente escénico. Según Hernández Alonso (1996, 426) es "un valor muy expresivo y frecuente" en los tipos de texto antes señalados.

En esta exposición distinguiremos los dos tipos de presente del pasado que acabamos de señalar: un presente histórico y otro escénico. Ambos se diferencian, como comenta Tschauder (1991, 128-131) en el carácter narrativo del primero y comentado del segundo, así como en la formalidad de la forma narrada y la coloquialidad de la comentada, como se verá posteriormente.

Muchos autores no ponen de manifiesto esta separación del presente de referencia pasada en dos subvariantes, una de naturaleza narrativa y otra coloquial, y proponen un único uso, al que dan diferente nombre: presente de pasado, presente histórico, presente retrospectivo, etc. Entre los autores españoles que siguen este proceder se encuentran Gili Gaya (2002, 155), el Esbozo (1973, 464), Roca-Pons (1985, 218), Hernández Alonso (1996, 426), Hernando Cuadrado (1994, 118), Kovacci (1992, 83), Araña/Aísa (1997; 83), López García (1998, 434) y Rodríguez Vida (2000, 93). Entre los alemanes destacaremos a Helbig/Buscha (2008,131), Dieling/Kemptner (1983, 21), Götze/Hess-Lüttich (1999, 99), Flämig (1991, 391), T. Rolland (1997, 65), Welke (2005, 150-151) o Rothstein (2007,339.

EL PRESENTE HISTÓRICO Y SUS CORRESPONDENCIAS EN ALEMÁN

Por presente histórico entendemos aquella subvariante del presente de referencia pasada que presenta un carácter marcadamente estilístico, y con ello, formal, con la cual se reviven acontecimientos históricos, cercanos o lejanos. Por lo tanto no se interpreta presente histórico como el término general que designa todos los usos retrospectivos del presente, sino sólo aquellos narrados cultos. En este nuestro sentido habla Rojo (1974, 96)[4] de "presente histórico", que "no consiste en traer el hecho hasta el 'presente' de los interlocutores, utilizando la forma *llego*, sino más bien el traslado de ese 'presente' a lo objetivamente anterior", ya que "de este modo los hechos referidos adquieren un relieve proporcionado por el desplazamiento del origen hasta el punto en que tuvieron lugar". Fernández Ramírez (1986, 219) concede al presente histórico la denominación de "usos narrativos del presente histórico" en contraposición a los "conversatorios", que analizaremos posteriormente bajo el término de "presente escénico". Porto Dapena (1989, 50) y M. P. Garcés (1997, 22) presentan una clasificación similar, mientras que Sastre Ruano (1995, 30) y Kattán-Ibarra (1997, 79) muestran la misma clasificación pero aplicando primariamente las categorías de formalidad para el presente histórico e informalidad para el escénico.

Entre los gramáticos alemanes que aplican este concepto de *historisches Präsens* diferenciado de *szenisches Präsens* sobresalen Erben (1980, 87-88), que

---

[4] Véase también Rojo/Veiga 1999, 2891.

habla de una "Tempusmetapher" de carácter literario que se contrapone a una escénica "in der gesprochenen Sprache", Hentschel/Weydt (2003, 96), para quien el *historisches Präsens* es el "Präsens historicum im engen Sinne" y Zeller (1994, 53), quien, aunque aplica la denominación de *historisches Präsens* a todas las subvariantes del presente retrospectivo, sin embargo distingue un "Gebrauch in Aussagen über geschichtliche Ereignisse" y otro "Gebrauch in Zeitungsüberschriften", enunciados que forman parte de nuestro concepto de *historisches Präsens*. Otro gramáticos que proceden de manera similar son D'Alquen (1997, 103), Duden (2005, 512) y la "IDS-Grammatik" de Zifonun et al. (1997, 1697). Según los autores de esta última gramática, el *historisches Präsens* es un uso ya casi convencional: "Fast konventionalisiert ist auch die Verwendung des vergangenheitsbezogenen Präsens in historischen Texten (historisches Präsens), wo die Betrachtzeiten nach Datumsangaben eine Interpretation erleichtern, besonders in Übersichten und Tabellen".

Tomemos como ejemplo el resumen de la acción de la novela "El hereje" de M. Delibes que aparece en la cubierta trasera de la edición de bolsillo española:

"En el año 1517, Martín Lutero *fija* sus noventa y cinco tesis contra las indulgencias en la puerta de la iglesia de Wittenberg, un acontecimiento que provocará el cisma de la Iglesia Romana de Occidente. Ese mismo año *nace* en la villa de Valladolid el hijo de don Bernando Salcedo y doña Catalina Bustamante, al que bautizarán con el nombre de Cipriano" (Hereje, cubierta trasera).

En este fragmento se narran sucesos acaecidos en el siglo XVI, marco temporal que es marcado mediante el complemento circunstancial adverbial *en el año 1517*. Incluso si faltase ese adverbio temporal, el enunciado seguiría siendo un presente histórico, dado que la misma aparición de una acción realizada por Lutero, del que sabemos que vivió en el siglo XVI, nos enmarca en una época histórica pasada. Traduzcamos el framento al alemán:

"Im Jahre 1517 *bringt* Martin Luther seine 95 theologischen Thesen gegen das bestehende Ablasssystem an der Wittenberger Kirchentür *an*, ein Ereignis, das die Spaltung der römischen Westkirche zur Folge haben wird. Im gleichen Jahr *wird* in der Stadt Valladolid der Sohn des Don Bernando Salcedo und der Doña Catalina Bustamante *geboren*, der auf den Namen Cipriano getauft werden wird" (trad. prop.).

Observamos que se repite la misma constelación que en español. En ambos fragmentos las formas de presente *fija/bringt...an* y *nace/wird geboren*, presentan las mismas características definitorias. Por un lado, son formas narrativas, desempeñan la misma función de "Entspanntheit" que las formas de indefinido o *Präteritum* con las que se pueden neutralizar:

(1) "En 1517 Lutero fijó sus 95 tesis en la puerta de la iglesia de Wittenberg" / "1517 brachte Luther seine 95 Thesen an der Wittenberger Kirchentür an".

Con esto seguimos a D'Alquen (1997, 100) cuando critica la incongruencia de la clasificación que H. Weinrich (1994, 42 y sig.) hace del *Präsens* como tiempo únicamente comentado.

Por otro lado, el presente histórico muestra carácter formal. Se utiliza como recurso estilístico para romper la monotonía de la narración y suele aparecer en textos escritos de tema histórico. No es un uso que pertenezca al lenguaje coloquial diario, ni en español ni en alemán.

La otra característica a la que hemos hecho referencia anteriormente como esencial es la temporalidad adverbial y su obligatoriedad. Los enunciados expresados con el presente histórico deben estar acompañados de un complemento adverbial de referencia pasada de naturaleza deíctica y determinante, como *en el año 1517/im Jahre 1517*.

Los demás criterios descriptivos no son relevantes. Por lo que respecta al aspecto verbal, se pueden encontrar enunciados tanto de aspecto perfectivo, como los anteriores o de aspecto imperfectivo:

(2) "Los trabajadores construyen el Reichstag durante muchos años" / "Die Arbeiter bauen lange am Reichstag".

Lo mismo sucede con el modo de acción oracional y verbal. Diatópicamente son formas estándar, que no muestran modalidad alguna y presentan la combinación de perspectivas temporales ya vistas en el punto anterior: el momento del acontecimiento es anterior al de habla.

Dentro del presente histórico/*historisches Präsens* también incluimos el denominado presente tabular o de titulares periodísticos, que cumple las mismas funciones que en textos biográficos o históricos: rememorar el pasado, en el caso de los titulares periodísticos normalmente reciente, y dramatizar los acontecimientos, acercándolos al lector. Del análisis del uso del presente en los titulares se ocupan ante todo autores alemanes como Götze/Hess-Lüttich (1999, 99) y

Zeller (1994, 53), del tabular Liebsch/Döring (1976, 43), y de ambos Wunderlich (1970, 135), Cartagena/Gauger (1989, 386) y Vater (1991, 49-50). Veamos un breve ejemplo proveniente de dos ediciones electrónicas de dos periódicos, uno español y otro alemán:

"Boeing *se estrella* en el Atlántico - 214 muertos" (elmundo.es, 1.1.1999).

"Boeing *stürzt* in den Atlantik - 214 Tote befürchtet" (Die Welt online, 1.1.1999).

La única diferencia que se aprecia entre este ejemplo y el anterior es la falta de adverbialidad temporal, posible por el contexto: el lector de un periódico no tiene dificultades en situar la acción en el pasado.

El **presente histórico** español muestra un alto grado de similitud con el *historisches Präsens* alemán, de tal manera que se puede afirmar que para la expresión del pasado en textos formales (biográficos, históricos, tabulaciones, titulares periodísticos) ambos idiomas se sirven del mismo tiempo verbal en las mismas condiciones de uso.

EL PRESENTE ESCÉNICO Y SUS CORRESPONDENCIAS EN ALEMÁN

La otra subvariante del presente de referencia pasada comparte muchas características pragmático-comunicativas con el presente histórico. De hecho, como se ha comentado en el punto anterior, muchos autores no distinguen el uno del otro. Sin embargo existen razones para creer que debe ser analizado por separado, pues divergen la narratividad y la coloquialidad. Rojo (1974, 96) apunta este uso escénico como una variante del presente de referencia pasada que expresa una viveza especial, lo cual "lo convierte en un procedimiento muy utilizado en situaciones conversacionales como medio para conseguir un gran valor expresivo de proximidad", además de "viveza, fuerza dramática, etc" (Rojo/Veiga 1999, 2891). Fernández Ramírez (1986, 217) también habla de "usos conversatorios" del presente histórico y señala una serie de marcadores que aplica a los usos narrativos, pero que en realidad debería aplicar a los conversatorios: "en esto", "he(te) que", "de pronto y de súbito", etc. Porto Dapena (1989, 50) y M. P. Garcés (1997, 22-23) adoptan el esquema de Fernández Ramírez. La última autora corrige la pertenencia de los marcadores a los usos conversatorios. Otros autores que se ocupan del presente escénico son Sastre Ruano (1995, 30) y Kattán-Ibarra (1997, 79).

También existen teóricos alemanes que inciden en el carácter diferenciador del *szenisches Präsens*. Así, Schulz-Griesbach (1960, 54) hablan de "lebhafte Erzählung", al igual que Liebsch/Döring (1976, 43) y Engel (1988, 415). Una de las mejores definiciones de "szenisches Präsens" se encuentra en Erben (1980, 88):

> "Bei einer sinnvollen Anwendung des szenischen Präsens bezeichnen die präsentischen Abschnitte Höhepunkte des Geschehens. Das szenische Präsens ist die dramatische Form des Erzählens, wobei es um die lebendige Schilderung von Situationen und Handlungsabläufen, nicht um eine zeitliche Einordnung zurückliegender Ereignisse geht; der Erzähler tut so, als ob er und der Leser sich mitten darin befänden und mit beteiligt wären".

Para Hentschel/Weydt (2003, 96) el *szenisches Präsens* es un tipo de presente histórico de sentido amplio, Duden (2005, 513) habla de este subuso como una forma de presente que rompe con la narración en *Präteritum* dentro de una "präteritale Umgebung", opinión que también se refleja en la "IDS-Grammatik" de Zifonun et al. (1997, 1697).

Por lo tanto, el presente escénico se inscribe dentro de un contexto de *Präteritum*, forma verbal por la que se puede sustituir, aunque en este caso se pierde el efecto estilístico que provoca el presente/*Präsens*, que rompe con la narración de los acontecimientos en un tiempo del pasado. En los enunciados donde aparece, el tiempo contextual o "Kotext-Zeit" se convierte en el tiempo del ahora o "Jetzt-Zeit". Por esta razón es la forma verbal más común del reportaje de acciones vividas o "Erlebnisbericht".

Veamos un caso de presente escénico en los dos idiomas:

> "-Es realmente el colmo-empezó a decir en cuanto su gruesa figura apareció en el vano de la puerta-, lo que pueden llegar a hacer tus agentes de la policía de Berna, mi estimado Lutz. *Ayer matan* a tiros al perro de mi cliente Gastmann, animal de una raza sudamericana muy rara, e *interrumpen* un acto cultural de Anatol Kraushaar-Raffaeli, el mundialmente famoso pianista. Los suizos no tienen la menor educación ni son gente de mundo" (Richter, trad. alt. 66).

---

3. El presente español en contraste con el alemán

"<<Es ist ja wirklich allerhand>>, fing er an, kaum dass seine dicke Gestalt in der Türöffnung erschienen war, <<wie es deine Leute von der Berner Polizei treiben, verehrter Lutz. *Schießen gestern* meinem Klienten Gastmann den Hund zusammen, eine seltene Rasse aus Südamerika, und *stören* die Kultur, Anatol Kraushaar-Raffaeli, weltbekannter Pianist. Der Schweizer hat keine Erziehung, keine Weltoffenheit" (Richter, alt. 45).

En los dos fragmentos se aprecia que el adverbio *ayer/gestern* fija el desarrollo de la acción en un período temporal anterior al momento de habla. La estructura en la cual está inserta la forma verbal es dialogada, lo cual supone una primera diferencia con respecto al presente histórico: *matan* y *schießen*, que muestran la misma estructura temporal, son formas comentadas. La segunda diferencia es la coloquialidad. Ambos enunciados, el español y el alemán, son coloquiales: el presente escénico español y alemán tiende a aparecer en enunciados coloquiales, aún tratándose de textos literarios, como es el caso. La variante formalmente neutra es el indefinido o imperfecto en español y el *Präteritum* o *Perfekt*[5] en alemán:

(1) "Ayer mataron a tiros al perro de mi cliente Gastmann" / "Gestern schossen sie meinem Klienten Gastmann den Hund zusammen".

La sustitución del presente escénico por una forma de pasado conlleva, por supuesto, implicaciones estilísticas.

Hay que mencionar que el presente escénico no es posible en estructuras dialogas, ya que un diálogo nunca puede conformar un "Erlebnisbericht", y el presente escénico sólo es posible en ese tipo de textos:

(2) *"¿Llueve ayer en vuestro pueblo también? Sí, ayer llueve todo el día" / *"Regnet es gestern bei euch auch? Ja, gestern regnet es den ganzen Tag".

Como sucede en el caso del presente histórico, el ***presente escénico*** y el ***szenisches Präsens*** no muestran divergencias de uso.

---

[5] Nótese, no obstante, que en alemán el *Perfekt* es, por razones diatópicas, más coloquial que el *Präteritum*.

3.4. EL PRESENTE DE REFERENCIA FUTURA Y SUS CORRESPONDENCIAS ALEMANAS

Este uso es también común al español y al alemán, dos lenguas en las cuales la expresión de la temporalidad futura no está restringida a la forma de futuro. Alarcos Llorach (2005, 157) define este uso de la siguiente manera: "Se recurre a las formas de presente para denotar hechos todavía no ocurridos, pero cuyo cumplimiento se espera con seguridad en el porvenir".

En español las funciones de este uso del presente son variadas, "se utiliza para designar acciones venideras, para anunciar cosas programadas, planeadas o que van a llegar de modo natural" (Sastre Ruano 1995, 30) mediante un procedimiento que acerca el futuro al momento presente del hablante. Lo mismo sucede en alemán, pues, siguiendo a Glinz (1970, 155), el significado principal es "Erwartetes". Zuikin (1975, 49) concretiza el término de Glinz, comentando que el "futurisches Präsens, das sei besonders vermerkt, findet sich in weitem Umfang bei der Wiedergabe von Plänen, Programmen, Ankündigungen, in Texten von Vereinbarungen". A las mismas funciones, agrupadas en suprafunciones o desmembradas en subfunciones de las anteriores, se refieren también Heidolph et al. (1981, 513), Flämig (1991, 391) y Brons-Albert (1982, 75). Esta última autora recoge hasta 19 funciones del presente prospectivo alemán.

Por otra parte, todos los expertos señalan, tanto respecto al español como al alemán, que el presente de futuro no es la única forma verbal que indica temporalidad prospectiva. En español es común utilizar la perífrasis verbal "ir a" + inf., en alemán ciertos verbos modales como "wollen" + Inf. o "sollen" + Inf (Welke 2005, 422). Y, por supuesto, en ambos idiomas es posible el uso del futuro simple/*Futur I* de significado futuro. Parece incluso, si se repasa la literatura, que el presente prospectivo es la forma más común de expresar futuro. De este modo afirma Gili Gaya (2002, 156) que el presente es "la expresión habitual del futuro" y Hernández Alonso (1967, 31) justifica el "desuso" del futuro simple por la sustitución de éste por el presente.

Los gramáticos alemanes, a excepción del antes citado Zuikin (1975, 49), para quien "das Präsens mit Zukunftsbedeutung wird in geringerem Maße gebraucht, weil dies nicht seine Hauptfunktion, sondern nur eine Nebenfunktion darstellt", llegan a la misma conclusión. Brons-Albert (1982, 102), tras haber analizado estadísticamente los usos de las formas verbales que pueden expresar futuro en un corpus significativo de diálogos telefónicos afirma: "Als Ergebnis dieser Untersuchung lässt sich folgendes festhalten: In der gesprochenen deutschen Standardsprache der Gegenwart ist die übliche Verbform bei der Bezeichnung von Zukünftigem das Präsens". El *Präsens* aparece, según sus estimaciones estadísticas, en más del 75 % de los enunciados de temporalidad futura. Por esta razón Vater, pero también Sommerfeldt/Starke (1992, 67) y Welke (2005, 422), ven en la variante de uso futuro del *Präsens* la forma más utilizada para referirse a enunciados de temporalidad futura, sobre todo en la lengua coloquial: "In Bezug auf die Bezeichnung von Zukünftigem (...) hat die Spontansprache fast durchgehenden Präsensgebrauch" (Vater 1997, 58). Heringer (1983, 122) llega a afirmar "dass bei der Verwendung des Futurs ein besonderer Nebeneffekt entsteht".

Como se puede comprobar, el presente prospectivo español y el *Zukunftspräsens* alemán son más comunes que los respectivos tiempos de futuro. Tanto la variante española como la alemana presentan unos rasgos diferenciadores comunes. Por un lado, parece que la coloquialidad es neutra (Sánchez Prieto 2009, 24), pues, aunque el uso del futuro implique en muchos casos un registro formal (Garcés 1997, 24), la utilización del presente es coloquialmente neutra debido a su alto grado de aparición. Por otro, como acertadamente indica Rojo (1974, 114) "es sobradamente conocida la relación existente entre la modalidad y la futuridad". La modalidad puede aparecer en el presente prospectivo indicada, ante todo, por un complemento léxico o "lexikalische Angabe der Vermutung" (Helbig/Buscha 2008, 131). Si los rasgos modales dominan sobre los temporales, estaremos ante un presente modal, que será analizado en este trabajo como último uso del presente.

Los gramáticos españoles y alemanes también están de acuerdo en señalar que una de las características esenciales del futuro prospectivo en ambos idiomas es la obligatoriedad de la adverbialidad de futuro. De hecho, "se debe recordar que para poder utilizarlo con este valor deberá ir acompañado de un delimitador temporal" (De la Torre 1991, 85).

Otro rasgo diferenciador común es la combinación de las perspectivas temporales, según la cual, como en todos los enuciados futuros, el acto de habla antecede al momento del acontecimiento, coincidiendo el punto de enfoque con este último.

Además, a diferencia del comportamiento de la inmensa mayoría de los usos no solo del presente sino también de todos los tiempos del pasado, la persona gramatical desempeña un papel relevante en la significación de la temporalidad de los enunciados. Como intuye Hernández Alonso (1996, 427) y explicitan Schulz-Griesbach (1960, 55) y Brons-Albert (1982, 62), la segunda persona raramente expresa temporalidad futura con el presente:

(1) "Viene ahora para acá" / "Er kommt jetzt hierher".
(2) "Tú vienes ahora para acá" / "Du kommst jetzt hierher".

En el segundo ejemplo, en los dos idiomas se aprecia un enérgico imperativo, mientras que el primero conforma claramente un enunciado prospectivo.

Si el presente prospectivo español y el *Zukunftspräsens* alemán indican temporalidad futura, es de suponer que podrán ser neutralizados por un futuro simple/*Futur I*. Y, en efecto, así parece ser:

(3) "El estudiante escribe una carta a su padre" / "Der Student schreibt einen Brief an seinen Vater".
(4) "El estudiante escribirá una carta a su padre" / "Der Student wird einen Brief an seinen Vater schreiben".

La neutralización es posible, pero se observa que la semántica de los dos ejemplos, en los dos idiomas es levemente distinta: "la selección de cada una de ellas responde a una intención comunicativa concreta" (Díaz Peralta 1997, 187), pues con el presente el hablante participa más en el suceso y con el futuro predice una acción. Wunderlich (1970, 137) determina el carácter de la diferencia entre *Präsens* y *Futur I* de referencia futura como algo hipotético. La "IDS-Grammatik" de Zifonun et al. (1997, 1701) afirma lo mismo invirtiendo los términos: "Mit der präsentischen Variante wird ein höherer Grad von subjektiver Wahrscheinlichkeit zum Ausdruck gebracht". Por esta razón quizá sería más adecuado hablar de una "Teil-Synomynität" de presente y de futuro, como hacen Gelhaus (1975, 173) y Thieroff (1994, 123).

El esquema paralelo que hasta ahora muestran el español y el alemán se mantiene también en la diferenciación de subvariantes de significado. En ambos idiomas se observa un comportamiento diferente de los verbos perfectivos y los imperfectivos:

(5) "Viene a mi casa" / "Er kommt zu mir".
(6) "¿Lo ves? Ahí viene" / "Siehst du ihn? Da kommt er".
(7) "Escribe una carta a tía Clara" / "Er schreibt einen Brief an Tante Clara".
(8) "Mañana escribe una carta a tía Clara" / "Morgen schreibt er einen Brief an Tante Clara".

Las oraciones (5) y (6) son de aspecto perfectivo, mientras que (7) y (8) son de aspecto imperfectivo. La perfectiva (5) no necesitan un complemento adverbial que indique que se trata de una acción futura aún no realizada. Sin embargo, el enunciado imperfectivo sí precisa tal complemento, como se observa en (8), porque de lo contrario se interpreta que la acción es presentiva, p.e. en (7).

Por lo tanto, es necesario separar dentro de este uso temporal del presente prospectivo la subvariante imperfectiva de la perfectiva. Este proceder es relativamente común en la descripción del presente de futuro español y alemán. Entre los autores que lo aplican al español se encuentran Eberenz (1981, 57), quien afirma que "die Handlungen der nicht-telischen Verben werden ausschnitthaft vom Sprechzeitpunkt aus gesehen, überragen diesen aber in beiden Richtungen" y "(...) gelangen die Handlungen der telischen Verben während der Sprechzeit offensichtlich nicht zur Teloserreichung. Diese findet in er Nachsprechzeit statt, der Aspekt dabei ist terminativ", así como Roca-Pons (1985, 218-219), Hernando Cuadrado (1994, 119) y Bustos Gisbert (1995, 162-163), quien define de manera simple pero precisa la necesidad de separar las dos subvariantes:

"De hecho, si una persona emite una secuencia del tipo
    Me caso
cualquier interlocutor entiende que se trata de una acción posterior al momento de hablar. Sin embargo, para distinguir el sentido de secuencias como
    Visito a mi familia
    Mañana visito a mi familia
la aparición de la marca temporal <<mañana>> es clave para entender la diferencia de significado entre ambos enunciados".

También muchos autores alemanes llevan a cabo una clasificación aspectual o accional de los significados del futuro prospectivo. Así afirma Saltveit (1960,

50) que para la *Zeitstufe* de futuro, esté indicada por un *Futur* o por un *Präsens*, "die Aktionsart ausschlaggebend ist". También Wunderlich (1970, 132-133) hace notar que la duratividad o no duratividad del verbo gobiernan las relaciones de futuridad en el presente. La misma opinión muestran, además, Zuikin (1975, 45), Helbig/Buscha (2008, 131), Welke (2005, 424ss), Brons-Albert (1982, 52), Dieling/Kemptner (1983, 12-13), Fabricius-Hansen (1986, 80-81), W. Jung (1988[9], 114) y D'Alquen (1997, 99).

EL PRESENTE PROSPECTIVO PUNTUAL Y SUS CORRESPONDENCIAS EN ALEMÁN

Esta variante también se podría haber denominado presente perfectivo puntual, ya que en lo concerniente a la expresión del futuro, la aspectualidad y la accionalidad apenas presentan diferencias. En esta relación nos referimos, en primer lugar, a enunciados de carácter futuro expresados en presente/*Präsens* que muestran rasgos perfectivos absolutos. Es decir, si el núcleo de la oración es un verbo puntual -lo cual implica, en la mayor parte de las ocasiones, que su aspecto es perfectivo-, el enunciado se refiere forzosamente al futuro si no está completado por adverbialidad de referencia presente. Según Brons-Albert (1982, 15) "lässt sich feststellen, dass Verben mit perfektiver Aktionsart im Präsens signifikant weniger Zeitadverbiale mit eindeutigem Zukunftsbezug bei sich haben, so dass anzunehmen ist, ein Zukunftsbezug ist allein durch die Kombination Präsens - perfektive Aktionsart gegeben".

Zuikin (1975, 45) habla a este respecto de "die große futurische Kraft des Präsens der terminativen Verben im Vergleich zum Präsens der nichtterminativen". De hecho, el presente como fase temporal de estos verbos no está indicado principalmente por el tiempo presente:

"Y sin hacerse más consideraciones al respecto, acudió como todos los días a su despacho y recibió en él al asesor jurídico de la empresa.
-Rivelora, me *voy* de viaje - le anunció" (Isla 9).

Voy dentro de la expresión *me voy de viaje* indica un acto futuro, en cuanto que el hablante aún no ha partido. Si éste ya hubiera partido hadría exclamado "me he ido de viaje / fui de viaje". Como se aprecia, en el contexto no encontramos ningún elemento textual que sitúe el acontecimiento en el futuro, y sin

3. El presente español en contraste con el alemán

embargo, no hay dudas acerca del punto temporal para el que es válida la acción. Veamos la traducción al alemán:

"Und ohne sich darüber weiter den Kopf zu zerbrechen, ging er wie jeden Tag in sein Büro, wo er den Rechtsberater der Firma zu sich bestellte.
>>Riverola, ich *verreise*>>" (Isla, trad. 7).

La forma *verreise* está insertada en el mismo contexto que la española *voy*, y presenta las mismas características contextuales. En ambos idiomas se puede concretar el momento de la partida mediante un complemento adverbial, como vemos en los ejemplos siguientes, pero este complemento no es necesario para fijar la temporalidad del verbo, sino que, más bien, la precisa:

(1) "Mañana me voy de viaje" / "Morgen verreise ich".
(2) "Esta noche me voy de viaje" / "Ich verreise heute Nacht".
(3) "Me voy de viaje a las dos" / "Ich verreise um zwei Uhr".

En consecuencia, la adverbialidad es posible, y será de referencia futura determinante y de deixis temporal indiferente: los adverbios de las oraciones anteriores son, respectivamente, deícticos, semideícticos y anafóricos. Por supuesto, también es posible utilizar verbos perfectivos o puntuales con significado de presente, pero en ese caso debe aclararse por medio del contexto o de algún complemento adverbial[6] que la forma verbal no tiene referencia de futuro:

(4) "El casamiento por lo civil tiene lugar *en este momento*" / "Die amtliche Trauung findet *gerade* statt".
(5) "El casamiento tiene lugar a las dos" / "Die amtliche Trauung findet um zwei Uhr statt".

Los grupos adverbiales marcados en cursiva fijan la acción del predicado al presente, lo que no sucede en (5), que mantiene una semántica de futuro debido a la aspectualidad perfectiva y puntual del enunciado.

En español, incluso, la utilización de adverbios de futuro no garantiza la futurabilidad del enunciado:

(6) "Ahora vengo" / "Ich komme gleich".
(7) "Aquí vengo" / "Ich komme jetzt".

---

[6] Como ya se ha comentado las formas progresivas no son posibles con verbos puntuales, por lo tanto esta posibilidad como medio de expresar el presente de los verbos puntuales no puede ser verificada.

Con *ahora* en el hablante español se refiere a un acto futuro inmediato, pero futuro, que en alemán se expresa con *gleich*, pero no con "jetzt". Si queremos traducir "ich komme jetzt" al español, tendremos que recurrir a un complemento circunstancial de lugar como *aquí*, lo cual, por otra parte, demuestra la estrecha relación entre la deixis temporal y la situativa.

Las demás características del presente prospectivo puntual son las comentadas en el apartado anterior para todo el presente de referencia futura: la coloquialidad es neutra, la narratividad es comentada, la diatopía estándar y es posible el uso de componentes léxicas modales de predicción o suposición:

(8) "Quizá me voy de viaje" / "Vielleicht verreise ich"[7].

La neutralización por el futuro simple o el *Futur I* es posible, aunque en el caso del futuro inmediato marcado en español por un adverbio presentivo-futúrico resulta cuanto menos inusual:

(9) "Mañana me iré de viaje" / "Morgen werde ich verreisen".
(10) "El casamiento tendrá lugar a las dos" / "Die Trauung wird um zwei Uhr stattfinden".
(11) "Ahora vendré" / "Ich werde gleich kommen".

De todas formas, como ya hemos señalado, se trata de una neutralización parcial, ya que la forma de futuro lleva implícita una modalidad no observable *per se* en el presente.

Las características coinciden. Los usos del **presente prospectivo puntual** español y del ***punktuelles Zukunftspräsens*** alemán son paralelos. La única diferencia, de poca importancia, se da en la posible combinación de la forma española con adverbios de referencia presente con valor de futuro.

---

[7] Nótese que en español la modalidad del enunciado también se puede expresar mediante el presente de subjuntivo, modo que no es objeto de estudio en este trabajo.

EL PRESENTE PROSPECTIVO DURATIVO Y SUS CORRESPONDENCIAS EN ALEMÁN

En este contexto nos referimos a enunciados en presente que al igual que los anteriores pueden ser temporalmente ambiguos y permitir una doble interpretación en el caso de no estar acompañados por adverbios temporales. Sin embargo, la primera lectura de estos enunciados es presentiva y no de futura, como en el caso del presente prospectivo puntual. Así, una oración como

(1) "Escribo una carta a tía Clara" / "Ich schreibe einen Brief an Tante Clara"

es interpretada por cualquier hablante español o alemán, descontextualizada, como un enunciado del presente, que puede ser neutralizado por el presente progresivo: "Estoy escribiendo una carta a tía Clara" / "Ich schreibe gerade einen Brief an Tante Clara". Para que un enunciado durativo o de aspecto imperfectivo adopte temporalidad futura es necesario que esté modificado por un complemento adverbial de referencia futura:

(2) "Hoy por la tarde escribo una carta a tía Clara" / "Heute abend schreibe ich einen Brief an Tante Clara".

Este adverbio o grupo adverbial debe ser de referencia futura, deíctica y determinante, y nunca de referencia presente.

Las demás características de esta subvariante del presente futúrico coinciden con las de la subvariante anterior.

La correspondencia entre el **presente prospectivo durativo** español y el *duratives Zukunftspräsens* alemán es más estrecha que entre las subvariantes puntuales de ambos idiomas.

3.5. EL PRESENTE ATEMPORAL Y SUS CORRESPONDENCIAS ALEMANAS

El cuarto uso del presente conforma un uso atemporal, es decir, se trata de una variante de uso cuya semántica es válida para todos los intervalos temporales, en cuanto que indican verdades atemporales basadas en el conocimiento del mundo.

Una vez comparados los usos de presente, pasado y futuro del presente español y del *Präsens* alemán nos ocuparemos de examinar si la gran coincidencia en el uso de las tres variantes comentadas en los dos idiomas también es válida para los enunciados atemporales.

Como características generales de este uso del presente podemos señalar, además de la ya comentada generalidad o atemporalidad, la iteración del modo de acción oracional, en cuanto que se trata de enunciados que al ser válidos en todo el espectro temporal presente, pasado y futuro, presentan como característica decisiva la repetición de la acción en cualquier fase temporal. A este respecto afirma Bustos Gisbert (1995, 147) que "se trata de afirmaciones realizadas para acciones o situaciones en las que resulta irrelevante la existencia de un futuro o un pasado".

El presente atemporal es tratado por la inmensa mayoría de los gramáticos y temporólogos del mismo modo que será analizado en este trabajo: subrayando su generalidad y presentándolo como una variante compacta sin subvariantes de significado. La única diferencia que se encuentra en las exposiciones de los diversos autores sobre este uso del presente es la denominación de la variante en cuestión. Así, por ejemplo, mientras Gili Gaya (2002, 155) habla de "verdades intemporales" y Rodríguez Vida (2000, 16) de "acción intemporal", Hernández Alonso (1996, 425) denomina a la variante "presente persistente o permanente", Porto Dapena (1989, 47) "presente persistente, permanente o general", y Alarcos (2005, 157) y Alcina/Blecua (1998, 792) "presente gnómico".

Este último colectivo de autores ofrecen una muy buena descripción del presente atemporal: "El presente gnómico se emplea para comunicar los hechos y observaciones de la experiencia con validez fuera de todo límite temporal. Se usa en refranes, proverbios, moralejas y en el estilo científico en definiciones y verdades universales" (1998, 792).

En la investigación sobre el *Präsens* alemán encontramos una situación parecida. La mayor parte de los autores no reflejan subvariantes y presentan esquemas definitorios muy similares, donde lo único que diverge es la terminología. Muchos autores recurren a lo "allgemein Gültiges" para definir este uso del presente. De esta manera afirman Helbig/Buscha (2008,132): "Das Präsens drückt in dieser Bedeutungsvariante allgemeingültige Sachverhalte aus und ist an keine objektive Zeit gebunden". De la misma forma hacen referencia Heidolph et al. (1981, 512) a un *Präsens* "in allgemeiner Geltung", Engel (1988, 414) a una "überzeitliche Geltung", Vater (1991, 48) a "Zeitlosigkeit", Weinrich (1993, 214) a algo "zeitlos Gültiges", para Hentschel/Weydt (2003, 97) el *Präsens* "kann zeitlose Ereignisse ausdrücken", para la "IDS-Grammatik" (1997, 1696) es "das geeignete Tempus für zeitunabhängige Aussagen", en Duden (1998, 148) se postula un "Bezug auf allgemein Gültiges", etc.

Otros autores prefieren hablar de un "generelles Präsens", como Erben (1980, 87), Sommerfeldt/Starke (1992, 68), etc. D'Alquen (1997, 91) idea incluso la categoría gramatical del "bilateral spread" con o sin iteración para definir la referencia de este tipo de presente a las tres magnitudes temporales presente, pasado y futuro, lo cual tiene como resultado la atemporalidad de los enunciados.

Pocos autores dividen el *atemporales Präsens* en subvariantes. Destacaremos a dos. Wunderlich (1970, 114-116) habla de un "Präsens in mathematisch-logischen Aussagen", otro "in empirisch generellen Aussagen" y un tercero "in generellen Aussagen von Sprichwort- oder Sentenzcharakter". De modo similar distingue Zeller (1994, 50) "Gebrauch in generell gültigen Aussagen", "biologische oder physikalische Aussagen" y un tercer "Gebrauch in Aussagen mit Sprichwortcharakter".

En la comparación del presente atemporal español y alemán seguiremos a la gran mayoría de autores españoles y alemanes que no distinguen subvariantes, argumentando que tales subvariantes muestran las mismas características descriptivas. No obstante, hay que subrayar que estos enunciados de carácter empírico-general que conforman el presente atemporal/*atemporales Präsens* pueden aparecer en dos tipos de contexto, en enunciados de carácter empírico-general y en sentencias, refranes y dichos de significado atemporal.

La característica más definitoria del presente actual es la temporalidad general que conllevan los enunciados (Schlegel 2004, 93). Debido a que estos enunciados se pueden referir al presente, pasado o futuro se habla de atemporalidad, es decir, se trata de una forma temporalmente no marcada. Veamos un ejemplo de naturaleza empírica general:

"-Todo palacio *requiere* una restauración constante y unos cuidados que nosotros, por desgracia, no podemos sufragar como deberíamos -dijo ella-. Sólo muy de cuando en cuando..." (Isla 120).

">>Jeder Palazzo *braucht* eine andauernde Restaurierung ud eine Pflege, die wie uns leider Gottes nicht so leisten können, wie wir sollten<<, sagte sie.>>Nur ganz selten einmal...<<" (Isla, trad. 128).

En este fragmento se expresa una generalización atemporal: un palacio requiere cuidados en la actualidad, pero también los palacios requerirían una constante restauración en el pasado y seguirán necesitándola en el futuro. Ésta es una generalización extraída de la observación del mundo: si un palacio no es restaurado, se deteriora su estado. En consecuencia, tanto para *requiere* como para *braucht*, las perspectivas temporales adoptan la misma combinación: el momento del acontecimiento es válido en toda la línea temporal. Por lo tanto, en el momento de proferir el enunciado, el acto de habla coincide con el momento del acontecimiento y el punto de enfoque.

Si la acción es válida para todos los puntos temporales, eso significa que el modo de acción oracional es iterativo: lo implícito en *requiere constante restauración / braucht eine andauernde Restaurierung* es la repetición de la acción durante toda su existencia. Por lo que al aspecto verbal y al modo de acción verbal se refiere no hay restricciones: "requerir" y "brauchen" son verbos aspectual y modalmente indiferentes, pero también podemos pensar en oraciones imperfectivas o perfectivas, con verbos durativos o puntuales:

(1) "Würzburg está a orillas del Meno" / "Würzburg liegt am Main".
(2) "Al final todas las rosas se marchitan" / "Am Ende verwilkt jede Rose".

Otra característica que comparte el presente atemporal español con el alemán es la adverbialidad temporal: no es posible adherir a los enunciados un adverbio o grupo adverbial que implique una temporalidad concreta. Enunciados del tipo siguiente son gramaticales, pero no atemporales:

(3) "Todo palacio requiere hoy en día una constante restauración" / "Jeder Palazzo braucht heutzutage eine andauernde Restaurierung".

Otros son semánticamente incongruentes:

(4) "Todo palacio requiere los lunes una constante restauración" / "Jeder Palazzo braucht montags eine andauernde Restaurierung",

(5) "Tres por tres son ahora nueve" / "Drei mal drei sind jetzt neun".

Coloquialmente se trata de enunciados neutros que narrativamente son comentados y diatópicamente estándar. Además no presentan ningún tipo de modalidad. No pueden ser neutralizados por ningun otro tiempo, ya que para la expresión de la generalidad y atemporalidad está reservado, en los dos idiomas, este uso del presente.

El segundo tipo de contexto en el que puede aparecer este presente es en enunciados que conforman sentencias, refranes y dichos de carácter atemporal. Tienen un significado muy concreto debido a su idiomática, por lo que pueden ser utilizados únicamente en un contexto léxico determinado. Por esta razón el análisis contrastivo de estos enunciados es solamente posible en enunciados no idiomatizados: los refranes y dichos raramente se indican en dos lenguas mediante la misma expresión. Veamos como ejemplo una sentencia general traducible:

"La virtud *salta* a la vista" (Grieche, trad. 12).

"Tugend *ist* sichtbar" (Grieche 8).

Este dicho indica una verdad atemporal y presenta las mismas características que los ejemplos no idiomáticos analizados anteriormente.

Examinadas las características de las variantes españolas y alemanas se puede llegar a la conclusión de que el **presente atemporal** español y el *atemporales Präsens* alemán son coincidentes en su significado. Es necesario hacer notar, sin embargo, que el uso del presente/*Präsens* en dichos y refranes no ha sido examinado a fondo, ya que esto sólo es posible en un estudio idiomático contrastivo de ambas lenguas.

3.6. EL PRESENTE MODAL Y SUS CORRESPONDENCIAS ALEMANAS

Se trata de la última variante de significado del presente con características distintivas que la separan de los demás usos de esta forma verbal. En primer lugar no se trata de un uso temporal, por lo que su comparación en los dos idiomas mediante los conocidos y aplicados criterios descriptivos sólo será posible en parte, en cuanto que la modalidad no puede ser descrita de un modo efectivo con los criterios temporales que nos han servido para caracterizar los usos anteriores: la temporalidad no interviene en la determinación de la naturaleza de los enunciados que aquí denominaremos modales.

En segundo lugar es de esperar que las características modales inherentes al presente modal y a sus diferentes subvariantes de uso no coincidan en español y en alemán de una manera tan clara como en los usos temporales del presente.

Los criterios descriptivos apenas tienen influencia en la constatación de la modalidad de los enunciados en presente. Serán el aspecto verbal y el modo de acción, que nada aportan a la expresión de la suposición, sorpresa, sugerencia, imperatividad, etc., la narratividad, la diatopía, la adverbialidad temporal y la combinación de perspectivas temporales, todos ellos criterios fuertemente unidos a la temporalidad. Por el contrario, el rasgo de la modalidad adquirirá en estos enunciados una importancia vital, siendo necesaria su presencia para poder clasificar un enunciado como perteneciente a este quinto uso del presente. Otros criterios que habrá que considerar serán la coloquialidad y la persona gramatical.

Se procederá, como se ha venido realizando hasta ahora, partiendo del presente modal español. La gramática española dedica más atención al presente modal que la alemana al *modales Präsens*, lo cual se debe a un mayor uso de los usos modales en español que en alemán.

De todas formas, pocos gramáticos postulan una variante modal unitaria. La mayor parte de los expertos tratan dos o tres subvariantes modales sin conectarlas, algunos de los teóricos incluso las integran dentro del presente prospectivo, ya que les adjudican rasgos temporales de futuro.

Entre los pocos autores que presentan una variante unitaria de significado modal destacaremos a Fernández Ramírez y Batchelor/Pountain. Fernández Ramírez (1986, 229-239) denomina al presente modal "presente voluntativo" y lo analiza junto al prospectivo, por compartir ambos usos ciertos matices, aunque la modalidad predomina en el primero: "El presente voluntativo no coincide exactamente con el prospectivo aunque, como hemos visto, en éste se encuentran con frecuencia matices de deseo, temor, amenaza, rechazo o mandato". Distingue subusos de mandato, de amenaza, condicionales y de conato. Batchelor/Pountain (1992, 23.1), por su parte, hablan de "modal functions" del "present tense" español, a saber: una función imperativa, "dueness in future", "intention in future" y "ability". Las últimas tres funciones, sin embargo, presentan an nuestro juicio un fuerte carácter temporal de futuro y de presente por lo que no vemos justificado admitirlas dentro del presente modal.

Otros muchos autores hacen referencia a distintos usos modales sin postular una variante modal unitaria. Un numeroso grupo de gramáticos analiza dos usos que podemos clasificar claramente como no temporales; se trata del uso del presente "con significación de imperativo", como afirma Gili Gaya (2002, 156), y del uso condicional "en las prótasis de oraciones condicionales introducidas por *si*", en palabras de Porto Dapena (1989, 51). Además de estos dos autores, encontramos estos dos usos modales también en el Esbozo (1973, 465), M. Marín (1998, 212) y M. Morera (1999, 183).

Pérez Rioja (1971, 334) y López García (1998, 434) no contemplan el presente condicional, pero sí el de conato, mientras que Hernández Alonso (1996, 427) y Rodríguez-Vida (2000, 16) tratan los tres, a los cuales Hernando Cuadrado (1994, 119) añade el presente de amenaza.

La gramática alemana, como se ha afirmado, no dedica tanta atención a la descripción de los usos modales del *Präsens* alemán, que, como se verá posteriormente, no son tan comunes como los españoles.

Helbig/Buscha (2008, 131) hablan de la posibilidad de que el "aktuelles Präsens" adquiera una "Vermutungsbedeutung" mediante un "zusätzliches lexikalisches Element". Otros autores presentan como variante de significado propia el presente imperativo. Así, Schulz-Griesbach (1960, 55) hablan de un "energischer Befehl", Wunderlich (1970, 116) de "Präsens in Befehlen, Anforderungen" o "Präsens in Instruktionen" y Erben (1980, 88) de un "Ausdrucksmittel des Anordnens". Una variante imperativa postulan además Heidolph (1981, 513), Weinrich (1993, 2149 y D'Alquen (1997, 99).

Jung (1988, 215) admite las dos subvariantes vistas, un "Präsens der Vermutung" y un *Präsens* de "energischer Befehl".

El autor alemán que más atención dedica al presente modal es Engel (1988, 415), que distingue en este sentido enunciados de "hypothetischer Natur", "Anforderungen" y "überraschte und vorwurfsvolle Ausrufe"[8]. Siguiendo las posibilidades de utilización del presente modal español, estructuraremos la red de subvariantes del presente modal en cinco apartados. Distinguiremos, en concordancia con multitud de autores españoles -pero también alemanes-, un presente de mandato o imperativo, así como un presente de conato, uno de interrogación o permiso, otro condicional y un último de sorpresa.

EL PRESENTE DE MANDATO Y SUS CORRESPONDENCIAS EN ALEMÁN

Mediante esta subvariante de significado se expresan mandatos o exhortaciones, con lo cual el presente de mandato o imperativo se encuentra muy cerca del modo verbal de ese mismo nombre. Es la subvariante del presente modal que más uso tiene tanto en la lengua escrita como oral: "La mayor parte de los usos voluntativos del presente poseen interpretación imperativa" (Fernández Ramírez 1986, 229).

En la literatura, algunos autores como Alcina/Blecua (1998, 793), Hernández Alonso (1996, 427) o M. P. Garcés (1997, 25) les conceden significado futuro, pues interpretan que las órdenes que se expresan mediante el presente solamente pueden ser ejecutadas en el futuro. Si bien esto es cierto y el presente de mandato puede incluso combinarse con adverbios de futuro, como se verá, ésta no puede ser nunca la característica primaria de estos enunciados, en cuanto que esto equivaldría a temporalizar también el modo imperativo, forma que neutraliza al presente de mandato. La mayor parte de los autores que proponen un presente de mandato, no obstante, no le atribuyen carácter temporal[9].

Lo mismo sucede en alemán, donde es igualmente posible encontrar un *Präsens* con valor imperativo: Schulz-Griesbach (1960, 55), Jung (1988, 214), Engel (2004, 215), Weinrich (1993, 214) y D'Alquen (1997, 99), entre otros,

---

[8] Del tipo: "Der vergisst ja alles!", "dass die nie genug kriegt".
[9] P.e. Gili Gaya (2002, 156), Esbozo (1973, 465), Porto Dapena (1989, 51), M. Marín (1998, 212) o Rodríguez Vida (2000, 16).

3. El presente español en contraste con el alemán

subrayan el valor modal, mientras que Erben (1980, 88) y Heidolph (1981, 513) hablan de un uso prospectivo.

La característica más definitoria del presente de mandato es la modalidad, que se exterioriza en la expresión de una orden o exhortación que confiere al enunciado un carácter brusco, muy próximo al de un imperativo, forma por la que es sustituible. Veamos un ejemplo:

"-Esta bien -le dijo una tarde-, vuesa merced *firma* conmigo una comandita para explotar el conejo para zamarros y ropillas aforradas y yo le cedo el transporte y la venta de mis vellones. Va en interés de los dos.
-De acuerdo -respondió Salcedo" (Hereje alt. 241).

La forma de presente firma manifiesta su modalidad verbal en su posible neutralización por un imperativo: "Firme conmigo una comandita y yo le cedo el transporte y la venta de mis vellones". En alemán sucede lo mismo:

">>Einverstanden<<, sagte er eines Abends, >>Ihr *gründet* mit mir eine Handelsgesellschaft zur Verwertung von Kaninchenfellen für Zamarros und gefütterte Röcke und ich überlasse Euch den Transport und Verkauf meiner Wolle. Damit ist uns beiden gedient.<<
>>Abgemacht<<, antwortete Salcedo" (Hereje, trad. alt. 206).

Si pasamos por alto la traducción libre del fragmento, nos encontramos con una forma "gründet" que puede ser sustituida por un *Imperativ*: "Gründet mit mir eine Handelsgesellschaft und ich überlasse Euch den Transport und Verkauf meiner Wolle".

Nótese que en ambos idiomas es necesaria la presencia de una segunda persona real[10] para la interpretación imperativa. Si afirmamos:

(1) "Él firma y yo le cedo el transporte" / "Er unterschreibt und ich überlasse ihm den Transport",

el enunciado es temporal, nunca modal. Esto, no significa, por supuesto, que toda segunda persona del presente/*Präsens* deba ser interpretada como de mandato. Para que esto suceda los rasgos modales deben primar sobre los temporales.

---

[10] Pues gramaticalmente estamos en el ejemplo español ante una tercera persona - la de cortesía.

El otro criterio descriptivo relevante es la coloquialidad, y en éste también coinciden el español y el alemán: se trata de enunciados informales. Las variantes formales se expresan mediante el modo imperativo.

Todos los demás criterios no muestran relevancia especial para este subuso modal del presente. No obstante, la adverbialidad temporal es posible, ya que, según se ha afirmado arriba, el mandato que conlleva este uso es ejecutado forzosamente después del momento de habla:

"-Mañana, una vez que el animal descanse, se lo subes a Aniano Domingo, en Rioseco" (Hereje alt. 344).

">>Wenn das Tier morgen ausgeruht ist, bringst du es zu Aniano Domingo oben in Rioseco<<" (Hereje trad. 297).

Éste es uno de los motivos que ha llevado a algunos teóricos a considerar el presente de mandato como prospectivo. En este trabajo no se interpretará de esta manera, sino como un rasgo secundario de lo imperativo.

Como se observa el **presente de mandato** español puede ser rendido en alemán mediante una forma equivalente, el *Imperativpräsens*.

EL PRESENTE DE CONATO Y SUS CORRESPONDENCIAS EN ALEMÁN

Al igual que la subvariante anterior en los enunciados de presente de conato prima el valor modal. El presente de conato "hace referencia a una acción pasada que estuvo a punto de producirse, pero no se produjo" (Hernando Cuadrado 1994, 119). Para Alcina/Blecua (1998, 794) y Rodríguez Vida (2000, 93) es un "presente por pasado", mientras que Hernández Alonso (1996, 427) habla de una "tendencia al futuro". La fuerza modal es tan fuerte en estos enunciados, que pueden ser sustituidos por un pluscuamperfecto de subjuntivo, y deben ser traducidos por un *Konjunktiv II* al alemán:

"He tenido una pleuresía y por poco me *muero*"– "He tenido una pleuresía y por poco me hubiera muerto".

"Ich war an einer Rippenfellentzündung erkrankt und *wäre* beinahe gestorben".

Con esto se demuestra el carácter modal del presente del conato que se refleja en alemán, idioma en el cual es imposible referirse a enunciados pasados no realizados con el *Präsens*, pues para la irrealidad de efectuación de una acción en un punto temporal anterior al acto de habla en alemán se utiliza el *Konjunktiv II*.

Además de por el sentido, estos enunciados se reconocen en español por la presencia de marcadores del tipo "por poco", "a poco", "de poco", "a poco más". En alemán es idiomático utilizar la partícula "beinahe".

Otra diferencia de uso se halla en la coloquialidad. En español el presente de conato conforma la variante informal del pluscuamperfecto de subjuntivo, mientras que en alemán el *Konjunktiv II* no da pie a una neutralización temporal, por lo que es coloquialmente neutro.

Ambos tiempos coinciden, sin embargo, en la temporalidad adverbial, que puede aparecer como criterio secundario, y ser de temporalidad pasada. No hay restricciones para la deixis ni para la cuantificación temporal, puesto que se trata de un subuso modal.

Estamos ante un claro caso de interferencia lingüística: el **presente de conato** español no equivale en alemán a un *Präsens*, si no a un ***Konjunktiv II***.

PRESENTE INTERROGATIVO DE APROBACIÓN O PERMISO Y SUS CORRESPONDENCIAS EN ALEMÁN

Este es otro tipo de presente modal que, a pesar de lo prolijo de su denominación, es necesario separar de los demás, pues constituye, al igual que la subvariante anterior, un uso interferencial entre el español y el alemán. Nos referimos a enunciados interrogativos mediante los cuales se pide, preferentemente en primera persona, la aprobación o el permiso del oyente para realizar una acción determinada.

Para Gili Gaya (2002, 156) es un uso próximo al presente prospectivo: "En relación con el futuro se halla el uso español, muy característico, del presente en forma interrogativa para pedir aprobación". El Esbozo (1973, 465) amplia el empleo de esta subvariante de "acciones venideras" a la expresión no sólo de la aprobación sino también del permiso. Esta posición es adoptada más tarde por Sastre Ruano (1995, 31), quien presenta una de las mejores definiciones del presente de aprobación o permiso: "Cuando en una oración con forma interrogativa queremos pedir permiso o solicitar una instrucción, necesitamos utilizar el presente".

Otros autores que se ocupan de la naturaleza de este subuso son Alcina/Blecua (1998, 793) y M. P. Garcés (1997, 25), quienes le adjudican matices de exhortación y decisión, y Batchelor/Pountain (1992, 23.1), quienes hablan de "intention in the future".

La característica más sobresaliente de esta subvariante modal es, además de la modalidad, la persona gramatical. Estos dos rasgos coinciden en español tanto en los enunciados que buscan la aprobación a una sugerencia como los que solicitan el permiso del oyente. La diferenciación entre estos dos tipos de enunciado es muy importante, en cuanto que las correspondencias alemanas difieren.

Veamos un ejemplo del presente de aprobación y su traducción. Se trata de una sugerencia para la que se busca la afirmación del oyente:

"Yo miraba a Aurita de reojo, y pensé que era, también, como una tonta, y sentí que la sangre me hervía, y la dije: <<¿Nos *vamos*?>>" (Loco 81).

"Ich blickte Aurita von der Seite an und dachte, auch sie säße da wie blöd, und ich spürte, wie mir die Wut kam, und so sagte ich zu ihr: >>*Wollen* wir *gehen*?<<" (Loco, trad. 58).

Al presente español le correponde un verbo modal alemán, "wollen", utilizado para expresar sugerencias. Esto, naturalmente, es únicamente posible en la primera persona, en cuanto que el uso de otra persona gramatical en este tipo de contextos interrogativos sería un presente prospectivo, coincidente -como se ha visto- en los dos idiomas, de ahí que enunciados como lso siguientes no pertenezcan a esta subvariante:

(1) "¿Te vas?" / "Gehst du?"
(2) "¿Se va él?" / "Geht er?"

Además, el presente de aprobación sólo es posible con el plural, pues se necesita envolver al oyente en el proceso de aprobación de la sugerencia expresada. El uso de la primera persona de singular es lícito, incluso de características tan modales como el tipo de presente modal al que nos acabamos de referir, pero expresa permiso: el hablante solicita del oyente su visto bueno para ejecutar una determinada acción. Por esta razón la forma alemana correspondiente al presente de permiso es el constructo formado por el verbo modal "sollen" y un infinitivo:

"Le dije: -¿Me *voy*?".

"Ich sagte ihr: -*Soll* ich *gehen*?".

Entre el presente español que corresponde en alemán a la estrucutura "wollen + Infinitiv" y el que es rendido por "sollen + Infinitiv" encontramos otra diferencia de uso: los primeros enunciados son neutralizables por el *Präsens* alemán, los segundos no. Esto es, es lícito afirmar:

(3) "Und so sagte ich zu ihr: >>Gehen wir?<<".
Sin embargo no es posible el enunciado siguiente:
(4) *"Ich sagte ihr: -Gehe ich?".

Brinkmann (1962, 327) interpreta la diferencia de uso entre "wollen" y "sollen" en estos contextos de la siguiente manera: "Bei diesen Verben ist das Geschehen jeweils auf ein bestimmte Instanz bezogen: bei *wollen* auf das Subjekt, bei *sollen* auf eine fremde Instanz außerhalb des Subjekts" Esta diferenciación no se hace en español, donde la única forma para expresar la instancia sujeto y la instancia ajena al sujeto -el hablante- es el presente modal.

El rasgo definitorio secundario de ambos tipos de enunciados en ambos idiomas es la temporalidad, que, aunque no es relevante al predominar las características modales, explicitadas en alemán por el uso de verbos modales, es, al igual que en el presente de mandato, de futuro. A este respecto Brons-Albert (1982, 21) hace referencia a la importancia de los "Modalverben" en la expresión de la futuridad, que Raynaud (1977, 9) matiza afirmando que si bien los verbos modales pueden expresar futuridad, "es ist jedoch unrichtig, den deutschen Modalverben eine temporale Komponente zuzuschreiben. Eine temporale Funktion können sie nicht unmittelbar haben, sondern nur als bedeutungsmäßige Implikation ihres semantischen Eigengehalts".

La temporalidad, de carácter secundario, podrá ser de referencia futura, lo mismo que la temporalidad adverbial.

En resumen, el **presente de aprobación y permiso** español equivale en alemán, respectivamente, a **construcciones modales con los verbos** *wollen* y *sollen*.

PRESENTE CONDICIONAL Y SUS CORRESPONDENCIAS EN ALEMÁN

De naturaleza modal modal es también la forma de presente que puede aparecer en estructuras condicionales sustituyendo al imperfecto o al pluscuamperfecto de subjuntivo. Es de esperar que el alemán no recurra esencialmente al *Präsens*, sino a formas de *Konjunktiv* para rendir este presente condicional español.

La mayor parte de los autores españoles que tratan del presente condicional únicamente se refieren al uso de futuro presente en enunciados como "si me toca la lotería, me compro un coche", donde la forma de la prótasis no puede ser futuro, sino tiene por fuerza que ser presente. De esta opinión son, por ejemplo, Gili Gaya (2002, 156), Bull (1971, 84), Porto Dapena (1989, 51), Sastre Ruano (1995, 31) y M. P. Garcés (1997, 25).

Otros autores, por ejemplo Hernando Cuadrado (1994, 119), presentan como presente condicional enunciados de temporalidad pasada como "si lo sé, no vengo". Pocos autores presentan ambos usos del presente condicional. Entre ellos se encuentran el Esbozo (1973, 465) y Rodríguez-Vida (2000, 93). Esta última autora apunta los siguientes valores del presente condicional: "en construcciones condicionales: - con valor de futuro, cuando la posibilidad es real y probable (…) - con valor de pasado, se emplea en el lenguaje coloquial para posibilidades irreales".

Las características más importantes de esta subvariante son la coloquialidad, la modalidad y, como se argumentará enseguida, la temporalidad dentro de la modalidad.

El primer grupo de enunciados en los que puede aparecer el presente condicional se refiere al futuro, como observamos en el ejemplo siguiente:

"-Pues si te *quedas* hasta Trillo, pa seguir a Sigüenza por Cifuentes -reanudó Cacholo-, vas a ver una cosa muy nombrada: el toro de Sotondo…Una costumbre de toa la vida" (Río 62).

3. El presente español en contraste con el alemán

Con el presente *quedas*, se expresa una acción condicional posible que también se puede indicar mediante el imperfecto de subjuntivo: "Si te quedaras hasta Trillo, ibas a ver/verías una cosa muy nombrada". El cambio de modo tiene consecuencias en la apódosis. El uso del presente en lugar del imperfecto de subjuntivo, además de comunicar una posibilidad muy real, acerca al hablante a la condición propuesta y es de naturaleza coloquial, rasgo que refuerzan los populares *pa* y *toa*. En alemán también es posible la expresión de este tipo de condicionalidad mediante el *Präsens*:

"<<Also, wenn du bis Trillo *dabeibleibst*, weil du von dort über Cifuentes weiter nach Sigüenza gehen kannst>>, nahm Cacholo das Gespräch wieder auf, <<dann wirst du eine hochberühmte Sache erleben: den Stier von Sotondo...Ein uralter Brauch>>" (Río, trad. 54).

Al igual que en español se puede sustituir el *Präsens* por un *Konjunktiv*: "Wenn du bis Trillo dabeibleiben würdest, dann würdest du eine hochberühmte Sache erleben". La informalidad, la coloquialidad y la modalidad coinciden en el presente condicional español y el *Bedingungspräsens* alemán. Este presente condicional alemán apenas es recogido en las descripciones del *Präsens*. Uno de los poquísimos autores que lo mencionan es Engel (1988, 415), quien afirma: "Die Wirklichkeit eines Geschehens kann auch hypothetischer Natur sein, so im Konditionalgefüge".

El segundo grupo de enunciados en los que puede aparecer el presente condicional se refiere al pasado, y muestra más problemas a la hora de comparar su uso con el del alemán. En español es gramatical decir:

(1) "Si lo sé, no vengo".
(2) "Si no compro el piso hace cuatro años, ahora sigo viviendo de alquiler".

Pero en alemán los siguientes enunciados presentan problemas de aceptabilidad:

(3) *"Wenn ich das weiß, komme ich nicht".
(4) *"Wenn ich die Wohnung vor vier Jahren nicht kaufe, wohne ich jetzt weiter zur Miete".

En realidad los ejemplos españoles corresponden en la lengua no coloquial al tercer grado condicional, y pueden ser neutralizados por un pluscuamperfecto de subjuntivo en la prótasis y un condicional (simple o perfecto) en la apódosis: "Si lo hubiera sabido, no habría venido", "si no hubiera comprado el piso hace cuatro años, ahora seguiría viviendo aquí". En alemán únicamente existe esta posibilidad, debiéndose decir: "Wenn ich das gewusst hätte, wäre ich nicht gekommen" y "wenn ich die Wohnung vor vier Jahren nicht gekauft hätte, würde ich jetzt weiter zur Miete wohnen".

Como se observa en los ejemplos, mientras que en el primer grupo de condicionales es posible encontrar averbios de referencia futura, en este segundo sólo son permisibles adverbios de referencia pasada sin restricciones deícticas o determinantes más que las impuestas por el sentido del enunciado. Por lo tanto, el **presente condicional de presente** equivale a un *Bedingungspräsens* en alemán, y el **presente condicional de pasado** a una forma de *Konjunktiv II*.

3.7. USOS NEUTRALIZADOS DEL PRESENTE/*PRÄSENS* Y PROCESO CONTRASTIVO INVERSO

En este apartado resumiremos por un lado las posibilidades de neutralización o sustitución que hemos verificado para el presente español y alemán en los puntos anteriores, y expondremos brevemente cuáles son los problemas que muestra la inversión del proceso contrastivo en el presente.

El tiempo de presente español y alemán, al ser una forma temporal con variantes de significado referidas a las tres magnitudes temporales presente, pasado y futuro, así como a la atemporalidad y a la modalidad, presenta coincidencias semánticas de significado parciales y totales con otras formas formas verbales.

Es posible, por otra parte, que la neutralización coincida en ambos idiomas, esto es, que un mismo uso verbal pueda ser sustituido por otra forma temporal equivalente en ambos idiomas, pero también se pueden encontrar ejemplos en los que el mismo uso verbal español y alemán responda a una neutralización de formas divergentes.

Empecemos con los usos de referencia presente en ambas lenguas:
- El presente puntual español de accionalidad durativa (¡no puntual!) es neutralizable en español por el presente continuo. En alemán la sustitución es igualmente posible, extendiéndose, a diferencia del español, también al *punktue-*

3. El presente español en contraste con el alemán

lles Präsens de accionalidad puntual. La forma continua alemana, no obstante, no conforma una perífrasis verbal como en español, sino que en la mayor parte de las veces se rinde mediante el complemento léxico "gerade" o "eben"[11].

- El presente durativo español de contexto habitual puede ser remplazado sin cambio de significado por la perífrasis de habitualidad "soler + infinitivo", de la misma manera que el *duratives Präsens* es sustituible en las mismas condiciones por la también perífrasis "pflegen zu + Infinitiv".

- El presente actual español accionalmente durativo puede ser neutralizado por el presente continuo. En alemán también es posible la sustitución por una "Verlaufsform" del *Präsens* verbal o léxica.

En los usos de referencia pasada se observan las siguientes neutralizaciones:

- El presente histórico español y el *historisches Präsens* alemán son neutralizables por formas igualmente narrativas de algún tiempo del pasado, en español por indefinido o imperfecto, dependiendo del aspecto verbal, y en alemán por lo general por el *Präteritum*. En ambos idiomas esta sustitución conlleva cambios estilísticos.

- La misma constelación neutralizatoria se aprecia en el caso del presente escénico/*szenisches Präsens*, con la salvedad de que en alemán esta subvariante, cuya sustitución por un tiempo del pasado al igual que en español conlleva desplazamientos estilísticos, es también neutralizable por un *Perfekt* al aparecer generalmente en enunciados informales.

En los usos de referencia futura tenemos dos casos de posibles neutralizaciones:

- El presente prospectivo puntual español y el *punktuelles Zukunftspräsens* presentan una posibilidad parcial de sustitución por las correspondientes formas de futuro futuro simple y *Futur I*. La fuerte modalidad de los enunciados expresados con las formas de futuro impide la neutralización semántica total.

- El presente prospectivo durativo español es neutralizable igualmente por un futuro, y además por la perífrasis prospectiva "ir a + infinitivo". En alemán, como forma sustitutoria del *duratives Zukunftspräsens* se puede utilizar el *Futur I*. Al igual que en el caso anterior no se trata de una sustitución total, lo cual se de-

---

[11] No obstante, es posible encontrar la "Verlaufsform" formada por "sein + am/beim + Infinitiv".

be a que la fuerza modal de los tiempos de futuro en español y alemán es más fuerte que en el presente.

En los usos modales encontramos una constelación de neutralizaciones más complicada:

- El presente modal de mandato español y el *Imperativpräsens* alemán pueden ser remplazados por las correspondientes formas de imperativo o, menos frecuentemente, de futuro simple/*Futur I*.

- El presente de conato español equivale a un pluscuamperfecto de subjuntivo, si prescindimos de la naturaleza informal del primero y formal del segundo. En alemán la única forma equivalente es el *Konjunktiv II*.

- El presente interrogativo de aprobación no es neutralizable en español, pero en alemán la forma más usal que rinde este subuso es "wollen + Infinitiv", que es neutralizable por un *Präsens*.

- El presente condicional español de referencia presente es neutralizable por el imperfecto de subjuntivo, mientras que el de referencia pasada lo es por el pluscuamperfecto de subjuntivo. El alemán sólo conoce la sustitución del *Bedingungspräsens* de referencia presente por un *Konjunktiv*.

En las páginas anteriores se han expuesto las correlaciones temporales de las distintas variantes del presente tomando como punto de partida el español, y se ha comprobado que existen algunas diferencias de uso entre el español y el alemán. Estas diferencias conciernen sobre todo al presente de referencia modal, pero se manifiestan también en otros usos. Para completar la comparación se hará una sucinta exposición de los fenómenos que pueden aparecer si se invierte el procedimiento contrastivo, esto es, si se parte del alemán como lengua base y del español como lengua meta.

Si, al contrario de lo que afirman Cartagena/Gauger (1989, 384-386), es posible encontrar diferencias de significado partiendo del español, nos adherimos a la opinión de los dos lingüistas cuando se parte del alemán: hay una "weitgehende Übereinstimmung von 'Präsens' und 'presente' in beiden Sprachen". Con ello nos referimos a que el *Präsens* alemán equivale prácticamente siempre a un presente español. Este presente puede ser de indicativo, de subjuntivo o un presente continuo.

Sobre el presente continuo como posibilidad de neutralización del presente ya se ha hablado en el presente puntual y actual, donde también se ha hecho referencia a que existen estructuras de significado similar pero de formación léxica y no formal en alemán.

La equivalencia casi absoluta de *Präsens* y presente partiendo del alemán se explica por los pocos contextos en los que el *modales Präsens* puede aparecer, pues prácticamente se restringe al uso imperativo, que comparte con el español. El presente modal español equivale muchas veces a un *Konjunktiv* alemán, pero es posible traducir el *modales Präsens* alemán al español generalmente por un presente. Por supuesto, el alemán cuenta con posibilidades de expresar modalidad con el *Präsens* a través de medios léxicos, como "wohl", "sicher", "wahrscheinlich", "vielleicht", "hoffentlich", etc., pero el español también, bien en indicativo, bien en subjuntivo:

(1) "Er ist wohl verrückt" / "Seguramente esté loco".
(2) "Er sagt es dir sicher heute" / "Seguramente te lo dice hoy".
(3) "Wahrscheinlich kochen sie Spätzle" / "Probablemente cocinen *spätzle*".
(4) "Hoffentlich kommt sie mit" / "Ojalá venga con nosotros".

No obstante, el español, como el alemán, aunque en menor medida (Castell 2001, 116), puede optar por utilizar el futuro simple o por alguna perífrasis deóntica:

(5) "Estará loco" / "Debe de estar loco".
(6) "(Seguramente) te lo dirá hoy".
(7) "(Probablemente) cocinará *spätzle*".

Por último es necesario comentar que, si bien el futuro prospectivo español se usa regularmente, "en alemán se da con mayor frecuencia" (Castell 2001, 116), lo que implica que algún *Zukunftspräsens* alemán equivale en primera línea a un futuro español.

4. EL FUTURO SIMPLE ESPAÑOL EN CONTRASTE CON EL ALEMÁN

4.1. NOTAS INTRODUCTORIAS

La segunda forma verbal sujeta a comparación en este trabajo es el futuro simple. En este apartado se analizarán las correspondencias del futuro simple español en alemán. En los dos idiomas, la discusión sobre el estatus del futuro gramatical dentro del sistema temporal gira en torno a la misma cuestión: la modalidad.

En el apartado contrastivo anterior se ha visto que el presente y el *Präsens* muestran ciertos usos modales -en mayor medida el español que el alemán-, aunque pocos teóricos afirman que el presente español y alemán sean modales. En el caso de los tiempos de referencia futura, sin embargo, muchos estudios hablan de modalidad para referirse al significado de lo futuro. En las líneas siguientes se discutirá, partiendo del español, cuál de los modelos descriptivos del futuro descritos en la parte conceptual se adecúa mejor a la tarea contrastiva.

El debate entre modalistas y temporalistas nos lleva a considerar para el futuro simple español dos magnitudes, la modalidad y la temporalidad. La una y la otra no tienen por qué excluirse, ya que parte de los enunciados temporales y modales que se expresan en futuro presentan cierta carga modal y temporal, respectivamente:

(1) "Mañana (probablemente) te veré".
(2) "Ahora estará en casa"
(3) "No matarás".

Como se puede comprobar mediante estas tres oraciones, la carga temporal y modal están muy unidas. De esta manera, el primer ejemplo es temporal, pero aporta también una idea modal de probabilidad, en cuanto que la futuridad es mera virtualidad, y esa modalidad puede ser indicada por un adverbio del tipo *probablemente*. En segundo ejemplo tenemos un futuro de referencia presente, en cuanto que la acción tiene lugar en el momento en que se emite el enunciado, lo cual permite la aparición de un complemento adverbial del tipo *ahora*. El contenido modal es más fuerte que en (1): *estará* expresa una suposición. Por fin, el enunciado en (3) presenta el grado más alto de modalidad al ser un mandato.

Por lo tanto, tienen razón tanto aquellos autores que afirman que el futuro muestra rasgos modales, entre los que se encuentran Sánchez Márquez (1972, 334), Alcina/Blecua (1998, 799), Vera-Morales (2004, 352-354) y Di Tullio (1997, 229), como los que defienden que también muestran características temporales, como hacen Gili Gaya (2002, 165-166), el Esbozo (1973, 470), Fernández Ramírez (1986, 284-286), Porto Dapena (1989, 52-53) y Marcos Marín (1998, 216-218).

Por lo tanto habrá que distinguir, al menos, una variante temporal y otra modal. Éste es el camino que escoge Roca-Pons (1985, 222). Para un estudio contrastivo, no obstante, hay que promover un análisis más detallado y diferenciar los tipos de temporalidad y de modalidad que se pueden indicar con el futuro.

Por lo que respecta a los diferentes tipos de temporalidad a los que hace referencia el futuro simple español, gran parte de los gramáticos únicamente describen uno: el futuro prospectivo, que es, en efecto, el más usado y directo en cuanto a su interpretación. De esta manera operan, entre otros, Gili Gaya (2002, 165-167), el Esbozo de la RAE (1973, 470-471), Fernández Ramírez (1986, 284-286) o Porto Dapena (1989, 52-53).

Pero con el futuro simple temporalmente el hablante se puede referir no sólo al futuro como fase sino también al presente e incluso al pasado. Así es como se aprecia en los ejemplos siguientes:

(4) "Ahora estará en casa".
(5) "Pero se acercaba un profundo cambio en Al-Andalus: el poderío de Alfonso iba a estrellarse con una fuerza imprevisible, y el Cid mostrará su valor de excepción (...)" (Cid, 116).

En el primer ejemplo, como ya se ha comentado, el enunciado tiene lugar en el presente. Es un uso relativamente común que, por otro lado, está altamente modalizado. El segundo ejemplo es de aparición mucho más escasa: se trata de un futuro con el que se expresa una acción pasada acaecida en el futuro del tiempo narrado.

Hasta el momento hemos verificado, por lo tanto, tres variantes de uso temporal, un futuro prospectivo, otro de presente y un tercero retrospectivo. Este es-

4. El futuro simple español en contraste con el alemán

quema coincide con el de Molho (1975, 301-309) y con el del temporalista M. Morera (1999, 192). Es reseñable que para algunos autores, como el Esbozo (1973, 471), el futuro de presente es más bien de naturaleza modal y no temporal. En este trabajo se prefiere interpretar como una variante temporal, ya que la complementación adverbial fija claramente la pertenencia de la acción al presente. En palabras de Trujillo (1988, 419): "Los futuros, en circunstancias neutras, como vimos, se comportan como tiempos sin más".

Pero el futuro simple español también puede desarrollar un significado temporal general similar al del presente atemporal:

(6) "La madre siempre amará a sus hijos".

En este enunciado es lícito interpretar que la acción designada por el verbo es atemporal: la naturaleza maternal está caracterizada por el amor a los hijos. Este uso del futuro simple español, que será analizado y contrastado posteriormente, no es usualmente recogido por los temporólogos.

Por lo que respecta a la modalidad, los autores en general no postulan una sola subvariante. Gili Gaya (2002, 165-167) y el Esbozo (1973, 470-472) indican un futuro de mandato, otro de probabilidad -que anteriormente hemos definido como de temporalidad presente-, y un último de sorpresa. Batchelor/Pountain (1992, 23.2) sustituyen el de sorpresa por uno de intención, Alcina/Blecua (1998, 800) por otro de cortesía.

La diferenciación de subvariantes modales que hacen estos y otros autores se basa en la semántica textual. Ejemplos como los siguientes no aparecen en los mismos contextos:

(7) "Te irás ahora mismo a tu casa".
(8) "¿Podrá atenderme, por favor?"

El primero es un futuro de connotaciones imperativas, y el segundo es una estructura de cortesía. Por esta razón habrá que distinguir dentro del futuro modal al menos una subvariante de mandato y otra de cortesía.

Los denominados futuros de sorpresa, como

(9) "¡Se atreverá usted a negarlo!",

contienen también una alta carga modal, pero pueden ser analizados temporalmente como enunciados prospectivos, en cuanto que la acción del predicado está situada a la derecha del punto *origo* en la línea temporal y no es posible una neutralización clara como sucede en los dos ejemplos modales de arriba, donde el imperativo y el condicional pueden sustituir al futuro.

Con esto tenemos un esquema provisional muy parecido al del presente, con cuatro usos temporales y uno modal.

En los puntos siguientes se buscarán las equivalencias en alemán. En general es de esperar, como afirman Castell (2001, 120) y Cartagena/Gauger invirtiendo el proceso contrastivo propuesto aquí, que el futuro español se corresponda al menos en las variantes temporales con el alemán:

"Im Falle der zukunftsbezogenen Aussagen, worunter nicht nur die bloße Bezeichnung eines noch bevorstehenden Geschehens in der Zukunft, sondern auch Sprechakte wie Aufforderungen, Befehle, Ankündigungen einer Absicht, Versprechen u. ä. zu verstehen sind, stellen wir die allgemeinen Entsprechungen dt. wird tun = sp. hará, va a hacer (...) fest" (Cartagena/Gauger 1989, 395).

Antes de comenzar a contrastar los diferentes usos, resaltaremos que la primera diferencia entre el español y el alemán, en lo que al futuro simple se refiere, es morfológica, en cuanto que el español posee una forma sintética y el alemán una analítica. De todas formas, como señala Zeller (1994: 289), el futuro románico fue, en principio, también perifrástico, como lo es actualmente en alemán.

4.2. EL FUTURO SIMPLE DE REFERENCIA FUTURA Y SUS CORRESPONDENCIAS ALEMANAS

El futuro simple español en el cual el significado y el término coinciden, el futuro de referencia futura, también denominado futuro prospectivo, conforma una variante de significado de un uso más reducido de lo que generalmente se cree. El futuro no se expresa en primera línea en español mediante la forma de futuro, sino mediante el presente prospectivo y alguna perífrasis verbal de significado temporal como "ir a + infinitivo". Según algún investigador, además, el uso más común del futuro simple no es la expresión del futuro, sino la del presente:

"El uso del futuro es, comparándolo con los tiempos del pasado o el presente, muy reducido. Los valores de este tiempo que se extienden hacia el presente son los más usados en el habla conversacional, y alternan con los numerosos matices del presente" (Hernández Alonso 1967, 38).

Este dato coincide con los ofertados por Gelhaus (1975, 24) para el alemán. Tras examinar más de 150.000 formas temporales del "Mannheimer Korpus" Gelhaus indica que solamente el 1,5 % de todas las formas indicativas son *Futur I*. De ahí que Duden (1998, 145) califique a las "Futurformen" como una "Randerscheinung".

El uso del futuro simple de referencia futura tiene lugar "cuando nos referimos a un hecho o acción que se realizará en un tiempo posterior al momento de hablar" (Garcés 1997, 62). Es decir, se utiliza cuando se indica un proceso o acción que con mayor o menor grado de probabilidad se piensa que va a tener lugar. Entre sus funciones se encuentran "prever, predecir, anunciar cosas que vienen después del momento en el que tiene lugar la comunicación" (Sastre Ruano 1995, 71). En la descripción de esta variante temporal del futuro simple es necesario tener siempre en cuenta que la semántica temporal de las oraciones enunciadas se ve completada por elementos modales. Esta modalidad supeditada a lo temporal, que será analizada más adelante, es inherente a la fase temporal de futuro, que, como hemos visto en la parte conceptual, es pura virtualidad.

Al describir el futuro simple hechos que aún no han sucedido, la forma verbal no considera, como lo hacen las formas temporales del pasado, el futuro mediato y el inmediato como entidades diferenciadas, sino que "este segmento del futuro real puede encontrarse en una situación más o menos próxima al acto de hablar. En unos casos se trata de un momento de posterioridad inmediata (…) En otros casos, se trata de un momento de posterioridad más o menos distante del momento del hablar" (M. Morera 1999, 192).

El criterio básico que define este uso del futuro en español y alemán es, pues, la combinación de perspectivas temporales: el acto de habla, que coincide con el presente del hablante, es anterior al momento del acontecimiento y al punto de enfoque. Estos dos últimos coinciden.

Como se ha indicado más arriba, otra característica esencial de este uso futúrico es la existencia de un factor modal que acompaña al significado temporal de la forma de futuro simple/*Futur I*. Esto no significa que haya que interpretar la variante como modal. La mayor parte de los autores españoles y alemanes coinciden en señalar la modalidad como parte integral del futuro prospectivo. De esta forma afirma Rallides (1971, 60) que "with the form 4, -aré, we are touching upon the subjunctive in that a subjective element has entered into the meaning of the form", lo cual se muestra, según Hentschel/Weydt (2003, 103) en una "modale Komponente, die das Futur in zahlreichen Sprachen aufweist". Esta componente modal puede aparecer lexicalizada o no:

(1) "Mañana iré al médico" / "Morgen werde ich zum Arzt gehen".
(2) "Mañana probablemente iré al médico" / "Wahrscheinlich werde ich morgen zum Arzt gehen".

Los dos enunciados presentan en las dos lenguas un claro factor modal. En (1) basta el uso del futuro simple/*Futur I* para expresar cierta inseguridad: seguramente iré al medico pero no lo sé con toda seguridad. En (2) además de la componente modal verbal que conlleva la forma temporal de futuro, observamos una componente modal léxica, *probablemente/wahrscheinlich*.

Todos los enunciados que expresan futuro prospectivo, tanto en español como en alemán, coinciden además en la estructura narrativa y en el aspecto verbal. Narrativamente estamos ante enunciados comentados, ya que la referencia al futuro no permite narrar. Aspectualmente no hay consenso entre los expertos en adjudicar un aspecto verbal determinado a las formas de futuro. Para algunos autores, entre los cuales se encuentran los españoles Hernando Cuadrado (1994, 125) y R. Sarmiento (1997, 203) y los alemanes Gelhaus (1975, 131) y Leiss (1992, 192-196), presenta aspecto imperfectivo. Otros, como Welke (2005, 426-428) o Hernández Alonso (1996, 433) afirman, por el contrario que "el futuro tiene aspecto perfectivo". Si los primeros autores tuvieran razón, no serían posibles los siguientes enunciados:

(3) "Mañana leeré el libro entero" / "Morgen werde ich das ganze Buch lesen".

Éstos son claramente de aspecto perfectivo, en cuanto que el proceso indicado por el verbo se indica como finalizado en el futuro.

Pero tampoco el segundo grupo de autores parece tener razón:

(4) "Mañana leeré" / "Morgen werde ich lesen".

4. El futuro simple español en contraste con el alemán

Los dos ejemplos no marcan el término de la acción, sino solamente su desarrollo en el futuro.

El aspecto verbal parece que es indiferente al futuro: encontramos enunciados perfectivos e imperfectivos. Cabe incluso pensar en ejemplos con dos lecturas aspectuales:

(5) "Mañana leeré el libro" / "Morgen lese ich das Buch".

El oyente puede lícitamente interpretar que el hablante tiene la intención de leer el libro hasta el final -mañana comienza a leer el libro y lo termina-, o pensar que pretende leer durante algún tiempo, en cuyo caso la acción es vista en su progreso. A este respecto no se aprecian diferencias entre el español y el alemán.

Otra característica común es la coloquialidad. El futuro simple y el *Futur I* son formas no demasiado comunes en el habla popular. Gili Gaya (2002, 165) señala que "a causa del carácter eventual de la acción venidera, el empleo del futuro supone cierta capacidad de abstracción por parte del hablante" y que "los adultos poco instruidos recurren al presente pro futuro mucho más menudo que las personas cultas". De ahí que se pueda concluir que "el presente va desplazando al futuro en el lenguaje coloquial" (Hernández Alonso 1967, 32).

En alemán sucede algo parecido. Tras analizar los datos de una de las investigaciones más exhaustivas que se hayan hecho sobre el carácter del *Futur* en alemán, Brons-Albert (1982, 73) concluye que "*werden + Infinitiv* zeigt eine signifikante positive Korrelation 'je höher der Sprachstil, um so mehr Vorkommen von *werden + Infinitiv*'".

Antes de comenzar con el análisis de las dos subvariantes que se propondrán para el futuro prospectivo, señalaremos un criterio que, en parte, diverge en ambos idiomas: la diatopía en conjunción con la neutralización. Berschin (1987, 101) y Blas Arroyo (2000, 167) apuntan que "existe, en el español actual, una variación regional" en el uso del futuro simple: esta forma es más utilizada en la península que en Hispanoamérica, donde se prefieren la formas analíticas ("ir a + inf.", "haber de + infinitivo). Esto, lógicamente, no sucede en alemán, donde el empleo del *Futur I* podrá ser índice de coloquialidad, pero nunca de diatopía. De todas formas, esta divergencia parcial no es de gran importancia para nuestro proceder, puesto que en este trabajo se consideran, ante todo, las variantes lingüísticas peninsulares como base de la tarea contrastiva con el alemán.

Dentro del futuro simple prospectivo se distinguirán dos subvariantes, que se diferencian por la función que realizan en el contexto. Consideremos los ejemplos siguientes:

(6) "Mañana iré a su despacho y le haré unas preguntas" / "Morgen werde ich in Ihr Büro kommen und Ihnen einige Fragen stellen".
(7) "Mañana lloverá en toda la península" / "Morgen wird es in ganz Spanien regnen".

En el primer caso se trata de una declaración de intenciones, mientras que el segundo se debe interpretar más bien como un pronóstico. Los dos ejemplos se comportan de modo diferente en lo que se refiere a la persona gramatical y a las neutralizaciones. Por lo que se refiere a la persona gramatical, la declaración de intenciones es posible en la primera persona, pero nunca en la segunda o la tercera, mientras que el pronóstico no conoce restricciones a este respecto.

Además, el enunciado (6) puede ser neutralizado por formas de presente, pero (7) no admite tal neutralización sin cambio semántico.

Por estas razones, y basándonos en Bull (1971, 90) y Garcés (1997, 62-63), que implícitamente reconocen diferencias de uso entre los enunciados integrantes del futuro prospectivo, además de en Erben (1980, 99), Heidolph (1981, 515) y Buck (1999, 79), se diferenciarán las dos subvariantes ya citadas.

EL FUTURO DE DECLARACIÓN DE INTENCIONES Y SUS CORRESPONDENCIAS EN ALEMÁN

El primer subgrupo integrante de esta variante de significado expresa una declaración de intenciones por parte del hablante. Porto Dapena (1989, 54) y Sastre Ruano (1995, 75) hablan en estos casos de "futuro resolutivo", y M. P. Garcés (1997, 62) define el subuso como "la firme intención que tiene el hablante de realizar la acción". En alemán existe un uso similar, al que Helbig/Buscha (2008, 139) se refieren como una "ausgesprochene Absicht".

En general el futuro que señala declaración de intenciones aparece en la primera persona, como en el fragmento siguiente y su traducción:

4. El futuro simple español en contraste con el alemán   127

"-¿Les enterraban ahí dentro? ¿En eso como un diván?
-Un triclinio. Los etruscos comían tendidos, como en Roma. Y no les enterraban, propiamente. Depositaban los sarcófagos en una cripta cerrada, pintada por dentro como una casa.
-¿Como el panteón de los marqueses Malfatti, allá en Roccasera?
-Lo mismo...Pero Andrea se lo explicará mejor. Yo no soy arqueólogo.
-¿Tu mujer?...Bueno, le *preguntaré*" (Sonrisa 11).

">>Haben sie sie da drin beerdigt? In dem da, was aussieht wie ein Divan?<<
>>Eine Kline. Die Etrusker nahmen ihre Mahlzeiten halb liegend zu sich wie ein Rom. Und sie haben sie nicht eigentlich beerdigt. Sie stellten die Sarkophage in einen geschlossenen Grabhügel, der innen wie ein Haus bemalt war.<<
>>Wie die Gruft der Grafen Malfatti, da in Roccasera?<<
>>Genauso...Aber Andrea wird Ihnen das besser erklären. Ich bin kein Archäologe.<<
>>Deine Frau?...Gut, ich *werde* sie *fragen*<<" (Sonrisa, trad. 9).

Las formas verbales en cursiva son futuros referentes a un hecho no acontecido que expresa la voluntad del hablante de realizar la acción, preguntar, en un punto temporal no muy lejano.

Esta declaración de intenciones, en este contexto, no es posible en todas las personas gramaticales. Hay problemas en interpretar una segunda y tercera persona en este sentido:

(1) "Le preguntarás" / "Du wirst sie fragen".
(2) "Le preguntará" / "Er wird sie fragen".

En (1) se trata de una exhortación directa, en (2) estamos ante un pronóstico sobre la actuación de una tercera persona. Con esto llegamos a la conclusión de que el español y el alemán muestran la misma estructura interna: los enunciados de segunda y tercera persona son incapaces de expresar declaraciones de intenciones referidas al futuro. Esto se debe, según Blas Arroyo (2000, 192), a que "la intención propiamente dicha sólo se da en la primera persona gramatical".

Por lo que a la adverbialidad se refiere, este tipo de futuro prospectivo es compatible con adverbios de referencia futura, en su mayor parte deícticos, pero que igualmente pueden ser semideícticos o anafóricos:

(3) "Bueno, le preguntaré mañana/enseguida/ahora mismo/después" / "Gut, ich werde sie morgen/sofort/gleich/später fragen".

La complementación del enunciado no es necesaria ni cambia el significado de la oración, simplemente determina el punto temporal en el cual se realizarán las intenciones del hablante. También es posible observar casos de futuro de intenciones con adverbios cuantificadores o durativos:

(4) "Te lo reprocharé siempre/toda la vida" / "Ich werde es dir immer/dein ganzes Leben vorwerfen".

Hasta el momento no se han observado para esta variante diferencias de uso entre el español y el alemán. La única divergencia en el uso se da en la neutralización de los futuros. Si bien coinciden en la posibilidad de sustitución de los enunciados declarativos expresados en el futuro simple/*Futur I* por un presente prospectivo/*Zukunftspräsens*, en español es mucho más normal utilizar la perífrasis "ir a + infinitivo":

(5) "Bueno, le pregunto mañana" / "Gut, ich frage sie morgen".
(6) "Bueno, le voy a preguntar" / *"Ich gehe sie morgen fragen".

De hecho, "la forma perifrástica es en la actualidad la más utilizada para la expresión de la futuridad verbal" (Blas Arroyo 2000, 166) en estos enunciados, coincidiendo su significado plenamente, según Hernández Alonso (1967, 34), Díaz Peralta (1997, 187) y el mismo Blas Arroyo (2000, 194), con las formas del futuro flexivo[12]. Hay que resaltar que en alemán también existe una construcción formada por el verbo "gehen + Infinitiv", que aunque guarda cierta relación ingresiva con el futuro, no se trata de una perífrasis gramaticalizada, sino que significa solamente "Absicht":

(7) "Ich gehe sie fragen".

Este enunciado significa "ich begebe mich zu ihr mit der Absicht, sie zu fragen". De todas formas se trata de una forma de muy poco uso y restringida a contextos en los cuales se puede apreciar el movimiento, por lo que es imposible decir en alemán:

(8) *"Ich gehe es dir dein ganzes Leben vorwerfen".

Por el contrario, enunciados como el siguiente son corrientes en español:

(9) "Te lo voy a reprochar toda la vida".

---

[12] No es, por el contrario, de esta opinión Berschin (1987, 104), para quien "el uso comunicativo del futuro sintético (*cantaré*) y del futuro analítico (*voy a cantar*) no es, en su función temporal, idéntico".

Nótese que en este último ejemplo no es posible ni en español ni en alemán la sustitución del futuro simple/*Futur I* o de "ir a + infinitivo" en español por un presente prospectivo:

(10) "Te lo reprocho toda la vida" / "Ich werfe es dir dein ganzes Leben vor".

Por otra parte, el alemán muestra una posibilidad de neutralización mediante el verbo modal "wollen", de la cual carece el español. De esta manera, volviendo al fragmento textual anterior, se puede decir en alemán

(11) "Ich will sie fragen",

con sentido prospectivo, lo cual no es posible en español. Esta particularidad no se recogerá en la plantilla descriptiva al tratarse de un fenómeno que sólo afecta a la comparación inversa.

Dentro de esta subvariante hay que destacar un grupo de enunciados que, siendo una declaración de intenciones, expresan promesa:

(12) "Te daré trabajo como contable" / "Ich werde dich als Buchhalter einstellen".

Estos enunciados presentan las mismas características que las demás declaraciones de intención.

Se observa, por lo tanto, un uso similar del **futuro prospectivo de declaración de intenciones** español y del *deklaratives Zukunftsfutur I* alemán. De hecho la única divergencia se restringe al nivel de la neutralización por perífrasis.

EL FUTURO DE PRONÓSTICO Y SUS CORRESPONDENCIAS EN ALEMÁN

La segunda subvariante del futuro prospectivo integra aquellas formas que pronostican o preveen que suceda algo en el futuro: "Lo utilizamos cuando queremos hacer predicciones o previsiones sobre hechos que sucederán posteriormente o para dar cuenta de acontecimientos venideros" (Garcés 1997, 62). Para Rojo/Veiga (1999, 2894) se trata de un valor dislocado de características modales. También en alemán es posible hacer pronósticos y previsiones con el *Futur I*. En este sentido, Weinrich (1993, 232) afirma: "So ist das Futur auch das Tempus der Prognose (...) und der Prophezeiung".

Este tipo de futuro prospectivo se diferencia del anterior en la persona gramatical, en la coloquialidad y en la neutralización.

Por lo que respecta a la persona gramatical, se puede pronosticar o profetizar en cualquiera de las tres personas gramaticales, sin que haya lugar a lecturas de doble sentido. Partimos de un fragmento como el siguiente:

"La mujer acomoda diestramente al niño en su cunita.
-Tiene sueño; se *dormirá* pronto...Con su permiso, voy a continuar la limpieza" (Sonrisa 31).

"Geschickt bettet die Frau das Kind in seine Wiege.
>>Er ist müde. Er *wird* bald *schlafen*...Mit Ihrer Erlaubnis werde ich weiter saubermachen>>" (Sonrisa trad. 29).

Comprobamos que el pronóstico que se refiere a la tercera persona, a un niño pequeño en este caso, también es posible en las otras dos personas:

(1) "Tienes sueño. Te dormirás pronto..." / "Du bist müde. Du wirst bald einschlafen..."[13]
(2) "Tengo sueño. Me dormiré pronto..." / "Ich bin müde. Ich werde bald einschlafen...".

En lo que concierne a la neutralización, es necesario aclarar que existe una diferencia modal entre el uso del presente/*Präsens* y del del futuro/*Futur I*. Si afirmamos en el contexto anterior "el niño se duerme pronto" / "das Kind schläft bald ein", no hacemos ningún pronóstico, simplemente nos referimos a una acción que tendrá lugar, con mucha probabilidad, en el futuro próximo. Los pronósticos, las profecías, las suposiciones sobre acciones futuras son únicamente posibles en el futuro simple/*Futur I*. Tampoco equivale a este uso la perífrasis española "ir a + infinitivo", que contiene un matiz planificador con la tercera persona, de intenciones si se expresa en primera persona y de mandato si se utiliza la segunda:

(3) "Se va a dormir pronto".
(4) "Me voy a dormir pronto".

---

[13] Nótese la traducción correcta de "dormirse", "einschlafen", no "schlafen" como en el fragmento traducido.

(5) "Te vas a dormir pronto".

Se trata, resumiendo, de un subuso que no admite neutralización alguna. Esto tiene como consecuencia que no quepa interpretar los enunciados futuros como formales, sino como neutros. Las demás características coinciden con las del futuro de declaración de intenciones.

Esta segunda subvariante muestra aún más rasgos comunes al español y al alemán que la primera, en cuanto que al no ser posible la neutralización por ninguna otra forma verbal, no hay ninguna diferencia de uso entre los dos idiomas: el **futuro prospectivo de pronóstico** se corresponde exactamente con el *Vorhersage-Zukunftsfutur I*.

4.3. EL FUTURO SIMPLE DE REFERENCIA PRESENTE Y SUS CORRESPONDENCIAS ALEMANAS

La segunda variante de significado del futuro simple español se refiere a un momento temporal que coincide con el acto de emisión del enunciado, es decir, sucede en el presente del hablante. Es, según diversos autores, la variante de estos dos tiempos españoles y alemanes más utilizada: "Los valores de este tiempo que se extienden hacia el presente son los más usados en el habla conversacional", admite Hernández Alonso (1967, 38) para el español, rasgo que comparte el alemán, según Liebsch/Döring (1976, 49): "In der heutigen Sprache ist dieser Gebrauch viel häufiger als der zum Ausdruck rein zukünftigen Geschehens". Otros autores como Duden (2005, 514) tienen una opinión contraria.

Este uso temporal es recogido por muchos autores como una variante de carácter modal, en cuanto que, como exponen Alarcos (2005, 155) y hace notar el mismo A. Bello (1988, 457), "la relación de posterioridad se emplea metafóricamente para significar la consecuencia lógica, la probabilidad, la conjetura". Es destacable, a este respecto, que estas suposiciones o conjeturas que se expresan mediante este uso, tienen como punto de partida el presente, por lo que no está justificado su tratamiento como un uso modal puro. Preferimos hablar, junto con Rojo (1974, 113), de un uso presentivo del futuro acompañado de un matiz modal de probabilidad: "Ahora bien, cuando *llegaré* (f1) es empleada para indicar una relación temporal de simutaneidad con el origen (R2), que supone la posesión de un rasgo O o V (r2), añade a esta significación temporal un matiz modal de probabilidad (m)".

Hernández Alonso (1996, 434) es también partidario de esta interpretación. Para el profesor vallisoletano la "temporalidad futura (...) implica la eventualidad de la acción". Con "eventualidad" se refiere a las características modales del tiempo. Más claramente, Sastre Ruano (1995, 73) y Rodríguez-Vida (2000, 94) le adjudican a este uso del futuro simple "valor de presente".

En la descripción de la variante de uso alemana que se corresponde con el futuro simple presentivo español, y que llamaremos "Gegenwartsfutur I" siguiendo nuestra definición temporal, se refleja la misma polémica que hemos visto en el caso del español. Mientras algunos autores, a la cabeza de los cuales se encuentran Thieroff (2004, 68) y Engel (2004, 265) hablan de un uso eminentemente modal, otros, sin negarle a la variante un matiz modal, reafirman su predominante carácter temporal. De esta manera, Liebsch/Döring (1976, 49) señalan un futuro que indica "eine Vermutung in bezug auf ein zukünftiges Geschehen", Helbig/Buscha (2008, 137) analizan como presente el "Futur I zur Bezeichnung eines vermuteten Geschehens in der Gegenwart", Heidolph et al. (1981, 515) le confieren "Gegenwartsbedeutung", para Duden (2005, 515) conlleva "Gegenwartsbezug", etc.

Por lo tanto, en español como en alemán, la combinación de perspectivas temporales pone de manifiesto la relación de este uso con el presente: el momento del acontecimiento coincide con el acto de habla y el punto de enfoque.

De todos modos, a pesar de que no parece tratarse de un uso modal por la referencia de presente inherente al enunciado, es preciso señalar que la forma contiene un factor modal que complementa la temporalidad. Veamos un ejemplo:

"-¿Cómo hace usted la compra? ¿Vive solo?
-¡No, vivo con mi nieto! ... ¡Bueno, y sus padres!
　　Ha añadido vivamente la segunda frase y vuelve a pensar esas cuatro palabras - <<Vivo con mi nieto>>- jamás pronunciadas antes. <<Cierto>>, se asombra, >>es mi nieto. Soy su nonnu>>.
-*Será* bien guapo el chiquillo-adula ella, mirándole, calibrándole" (Sonrisa 36).
---

4. El futuro simple español en contraste con el alemán

">>Wieso kaufen Sie ein? Leben Sie allein?<<
>>Nein, ich lebe mit meinem Enkel! ... Na ja, und seinen Eltern!<<
Den zweiten Satz hat er eilig hinzugefügt, und nun denkt er wieder über die fünf Wörter >>Ich lebe mit meinem Enkel<< nach, die er niemals vorher ausgesprochen hat.
>Ganz gewiß<, verwundert er sich, >es ist mein Enkel. Ich bin sein nonnu<.
>>Der Kleine *wird* ein hübsches Kerlchen *sein*<<, schmeichelt sie, während sie ihn beobachet und prüfend mustert" (Sonrisa, trad. 34).

En el original español y en la traducción alemana las formas marcadas en cursiva son una suposición sobre el aspecto del nieto referidas al presente: el hablante formula una hipótesis. El rasgo modal está en este tipo de enunciados muy marcado y es inherente a la forma de futuro simple/*Futur I*. Por esta razón Helbig/Buscha (2008, 137) definen el "Futur I zur Bezeichnung eines vermuteten Geschehens in der Gegenwart" de la siguiente manera: "Diese Bedetungsvariante des Futur I bezeichnet ein Geschehen in der Gegenwart, obligatorisch verbunden mit einem Modalfaktor der Vermutung". Este factor modal está incluido en la semántica del verbo en futuro simple/*Futur I*, pero también puede repetirse por medio de un medio léxico:

(1) "Seguramente el chiquillo será bien guapo" / "Der Kleine wird wohl ein hübsches Kerlchen sein".

Este procedimiento es más común en alemán que en español, en cuanto que el alemán presenta una gama de usos y de palabras de significado modal ("Modalwörter") muy extensa.

Los contenidos modales que expresa pueden suponer que haya divergencias de uso en alemán, pues si un uso o subuso presenta características modales, la posibilidad de que existan diferencias de uso son mayores. Comprobemos si el ejemplo anterior puede equivaler en alemán a alguna expresión modal:

(2) "Der Kleine dürfte wohl ein hübsches Kerlchen sein".

En este caso la función de *será* es realizada por un verbo modal en alemán. Los verbos modales alemanes concurren, según Gelhaus (1975, 128) y Zelle (1994, 105 y sig.), con el *Präsensfutur I* en la expresión de la probabilidad o de la conjetura en el presente. Para la oración "el señor pesará cien kilos" podemos pensar en las siguientes equivalencias alemanas (Sánchez Prieto 2009):

(3) "Er wird 100 Kilo wiegen".

(4) "Er dürfte 100 Kilo wiegen".
(5) "Er mag 100 Kilo wiegen".
(6) "Er kann/könnte 100 Kilo wiegen".

En todas estas oraciones se expresa una suposición sobre el presente, pero dentro de esta semántica se expresan matices diferentes. Estos matices están también presentes en las formas de futuro simple españolas. De hecho, un elevado número de autores distingue varios matices dentro del futuro simple de referencia pasada. Tanto Hernández Alonso (1996, 434) como Porto Dapena (1989, 56), Sastre Ruano (1995, 73), Pilar Garcés (1997, 63-64) y Rodríguez-Vida (2000, 95), entre otros, están de acuerdo en proponer al menos cuatro funciones con las características temporales y los rasgos modales arriba señalados: un futuro de presente que expresa probabilidad, otro de desconocimiento e incertidumbre, un tercero de sorpresa y un último concesivo. Esta clasificación mínima por funciones es importante porque nos permitirá comprobar qué verbos modales pueden ser utilizados en alemán para expresar esas relaciones en qué contextos.

El ejemplo anterior "pesará cien kilos" puede ser interpretado como una conjetura o probabilidad en (7) o tener carácter concesivo, como en (8):

(7) "-¿Sabes cuántos kilos pesa? –Pesará cien kilos".
(8) "Pesará cien kilos, pero no está gordo".

En ambos casos pueden equivaler a "er wird 100 Kilo wiegen", pero se traducen más comúnmente por expresiones modales: la probabilidad o "Wahrscheinlichkeit" mediante "dürften + Infinitiv" y la concesión o "einräumende Vermutung" por medio de "mögen + Infinitiv" y "können + Infinitiv":

(9) "-Weißt du, wie schwer er ist? –Er dürfte 100 Kilo wiegen".
(10) "Er mag 100 Kilo wiegen, ist aber nicht dick".

En ambos casos se trata, según Helbig/Buscha (2008, 121) de "Modalverben mit subjektiver Modalität".

En los casos en que el futuro simple español expresa desconocimiento e incertidumbre la correspodencia alemana utiliza bien un *Futur I* o la estructura modal "mögen + Infinitiv" (también "könnte + Infinitiv"):

(11) "Llaman al timbre. ¿Quién será?"
(12) "Es klingelt. Wer wird das wohl sein?"
(13) "Es klingelt. Wer mag das wohl sein?"

La última función que puede desarrollar el futuro de presente es la expresión de la sorpresa: "Se usa (...) en frases de carácter interrogativo o exclamativo para expresar lo difícil que nos resulta aceptar algo que, por otro lado, parece incuestionable" (Porto Dapena 1989, 56). En este caso no es posible la transferencia del futuro español al alemán, esto es, "¿será verdad lo que me cuentas?" no se traduce por "wird das wohl wahr sein, was du mir erzählst?", sino por "kann das wohl wahr sein, was du mir erzählst?" (o "ist das wohl wahr?").

Con todo, el futuro simple presentivo español y las formas alemanas a las que equivale (*Gegenwartsfutur I*, verbos modales) presentan una serie de características similares. Entre ellas se encuentra la persona gramatical. Si observamos los enunciados con los cuales se han ejemplificado las aseveraciones anteriores acerca de la importancia de los verbos modales en este uso, se comprueba que todos ellos están en la tercera persona. La tercera persona es la más utilizada en conjeturas, ya que el hablante al referirse a un tercer sujeto ante el oyente, normalmente emite suposiciones sobre la persona ausente. No obstante, también es posible referirse a la primera y a la segunda persona para enunciar una conjetura:

(14) "Pesaré unos 100 kilos" / "Ich werde wohl circa 100 Kilo wiegen".
(15) "Pesarás unos 100 Kilos" / "Du wirst wohl circa 100 Kilo wiegen".

En alemán la partícula "wohl" subraya la probabilidad. Con los verbos modales alemanes es más fácil hacer conjeturas en primera y segunda persona, ya que no hay posibilidad de confusión con usos imperativos y planificadores como sucede con el futuro español y también con el *Futur I* alemán:

(16) "Ich dürfte 100 Kilo wiegen".
(17) "Du dürftest 100 Kilo wiegen."

Otra característica similar que comparten los dos idiomas es el aspecto verbal. El futuro presentivo y el *Futur I* de referencia presente agrupan en principio sólo a verbos de aspecto verbal imperfectivo y modo de acción durativo. Es difícil hacer conjeturas en presente sobre verbos perfectivos de modo de acción puntuales, ya que, en muchas ocasiones, la propia semántica de estos verbos les impide referirse al presente, sino sólamente al futuro:

(18) "Se reunirá con ella en la estación" / "Er wird sie am Bahnhof treffen".

La única posibilidad de expresar probabilidad con este tipo de verbos es adjuntarles un adverbio de presente que aclare el punto temporal al que se refieren:

(19) "En este momento se reunirá con ella en la estación" / "In diesem Augenblick wird er sie am Bahnhof treffen".

Esta combinación, no obstante, no es común en ninguno de los dos idiomas. Tampoco es demasiado usual la utilización de adverbialidad temporal, en cuanto que el contexto en que se integra el futuro presentivo español y alemán, así como las formas modales alemanas a las que equivale igualmente el futuro simple español en este uso, se refiere claramente al presente y expresa una de las cuatro funciones anteriormente señaladas sin necesidad de complementos adverbiales temporales, que de existir, serán de significación presente, deícticos o semideícticos y de cuantificación irrelevante:

(20) "Ahora pesará cien kilos".
(21) "Jetzt wird er 100 Kilo wiegen" / "Er dürfte jetzt 100 Kilo wiegen".

Por lo que respecta al grado de coloquialidad los enunciados son neutros en ambos idiomas, perteneciendo a la lengua estándar y mostrando carácter comentado. Son neutralizables en ambos casos por formas de presente, siempre que éstas estén acompañadas de medios léxicos de significación modal: "En estos casos el futuro es equivalente a un presente de indicativo acompañado de un elemento (posiblemente, probablemente, aproximadamente) que exprese que el hablante considera el hecho como probable, posible o aproximado" (Garcés 1997, 63). Para Helbig/Buscha (2008, 138) en alemán el *Präsens* tiene que presentar "obligatorisch ein zusätzliches lexikalisches Element", lo cual ya había sido apuntado por Gelhaus (1975, 129).

Hemos considerado los verbos modales no como una posibilidad de neutralización del *Präsensfutur I*, sino como una equivalencia más del futuro simple prospectivo español. Para ellos nos basamos en el gran uso que tienen los "Modalverben" como elementos que indican la misma semántica que la variante española. En español también existen verbos modales con usos parecidos, así como alguna perífrasis, pero tienen mucho menos uso que los verbos modales en alemán, y presentan una semántica más modal que temporal:

(22) "Podría pesar 100 kilos".
(23) "Vendrá a pesar 100 kilos".

Tras haber estudiado las posibilidades de equivalencia del **futuro simple presentivo** español en alemán, se puede llegar a la conclusión de que se corresponde en este idioma tanto con el *Gegenwartsfutur I*, lo cual supone una transferencia gramatical, como con diversos verbos modales dependiendo de la semántica modal de cada enunciado: para expresar la probabilidad se utiliza "**dürften + Infinitiv**", para la concesión "**mögen + Infinitiv**", el desconocimiento o incertidumbre igualmente con "**mögen + Infinitiv**" y la sospresa mediante "**können + Infinitiv**".

La utilización de estas estructuras modales no implica grandes cambios semánticos. La única variación se observa en la apertura a la utilización de la primera y segunda persona gramatical.

4.4. EL FUTURO SIMPLE DE REFERENCIA PASADA Y SUS CORRESPONDENCIAS ALEMANAS

Como se verá en este apartado, con el futuro simple español el hablante puede hacer referencia también a épocas temporales anteriores a su presente. Se trata de un futuro retrospectivo. Es un uso no común de la forma prospectiva española que no es tratado debido a su escasa aparición tanto a nivel oral como escrito por casi ninguna de las gramáticas de uso del español, ni en artículos especializados. Rojo/Veiga (1999, 2892) llaman la atención sobre este uso pasado o histórico del futuro, que no es únicamente propio del presente: "Este peculiar uso temporal no es, ni mucho menos, exclusivo de las formas de 'presente'". Entre los pocos gramáticos que dedican su atención a esta inusual variante de significado se encuentran M. Molho, Hernández Cuadrado, Sastre Ruano y Marcial Morera.

El primero de estos autores analiza la variante futúrica que denomina "futuro retórico" y que se corresponde con el futuro de referencia pasada propuesta en este trabajo, como un uso al mismo nivel que el futuro prospectivo o el presentivo. El rasgo principal de esta variante es, según Molho (1975, 303) su carácter narrado: "El futuro retórico no es más que un futuro narrativo por el que se enuncia un acontecimiento pasado". Dentro del pasado, no obstante, la acción designada por el predicado en futuro retrospectivo se refiere al futuro, por lo cual es lícito hablar de un cambio expresivo de época temporal: "El acontecimiento que se enuncia en futuro pertenece al pasado, y al pasado incidente: se cambia expresivamente de época, pasando del tiempo pretérito al no-pretérito, pero se mantiene el nivel temporal, pues una inidencia futura substituye la incidencia pasada" (Molho 1975, 303).

El segundo autor anteriormente citado, Hernández Cuadrado (1994, 127), interpreta que "el hablante o escritor retrocede mentalmente en el tiempo, adelantándose a una acción pasada, pero posterior al punto en que se sitúa". Denomina a este uso "futuro de historiadores", pues, en efecto, prácticamente solo es observable en textos históricos. De igual modo describe este uso Sastre Ruano (1995, 75). M. Morera (1999, 193) habla de un futuro desde el punto de vista de un narrador.

Veamos un ejemplo:

"Pero se acercaba un cambio profundo en Al-Andalus: el poderío de Alfonso iba a estrellarse con una fuerza imprevisible, y el Cid *mostrará* su valor de excepción (...)" (Cid, 116).

En este fragmento el conocido historiador español narra el valor que desde nuestra perpectiva mostró el Cid y que desde la perspectiva interior del narrador, que coincide con la del desarrollo de los acontecimientos narrados en la Castilla de principios de milenio, es futuro.

En alemán, este futuro de pasado es igualmente sumamente extraño y poco tratado en las gramáticas y monografías sobre el futuro: Glinz (1970, 133) hace una breve referencia y ejemplifica esta variante de pasado, Keuler (1993, 100) lo clasifica como un uso histórico dentro del "Zeitbezug Zukunft", y Fabricius-Hansen (1986, 145) aduce su existencia para demostrar "dass die Bedeutung des Futurs (...) eine echt temporale Komponente umfasst".

Traduzcamos el fragmento de Menéndez Pidal al alemán:

"Es näherte sich jedoch eine große Umwälzung in Al-Andalus. Die Macht des Alfonso würde auf eine unvorhersehbare Kraft stoßen, und der Cid wird seinen außergewöhnlichen Mut zeigen (...)" (Trad. propia).

Hemos optado por seguir a Glinz y transferir el futuro retrospectivo español al alemán. El enunciado es gramatical, aunque, al igual que en español, es más usual el uso del condicional:

(1) "(...) Y el Cid mostraría su valor de excepción".
(2) "(...) Und der Cid würde seinen außergewöhnlichen Mut zeigen".

El condicional expresa en estos enunciados el futuro del pasado, es decir, una acción (*mostraría/würde zeigen*) posterior a la forma de pasado que abre el fragmento (*acercaba/näherte sich*).

Otros rasgos que comparten los dos futuros de pasado en español y en alemán son la indiferencia aspectual y accional, la formalidad y la adverbialidad. Por lo que respecta a este último punto, este uso sólo es compatible con adverbios anafóricos de referencia temporal indeterminada:

(3) "Y posteriormente el Cid mostrará su valor de excepción".
(4) "Und später wird der Cid seinen außergewöhnlichen Mut zeigen".

No es gramatical la combinación de adverbios de semántica pasada: *"Y ayer el Cid mostrará su valor de excepción" / *"Und gestern wird der Cid seinen außergewöhnlichen Mut zeigen". Por otra parte, a pesar de ser sustituible por el condicional/*Konjunktiv*, los enunciados de futuro que expresan pasado no presentan elementos modales.

Se trata, para concluir, de un uso extremadamente escaso tanto en español como en alemán, que, sin embargo, muestra las mismas características textuales y gramaticales. Por ello es posible afirmar que el **futuro simple retrospectivo** se corresponde con el *Vergangenheitsfutur I*.

4.5. EL FUTURO SIMPLE ATEMPORAL Y SUS CORRESPONDENCIAS ALEMANAS

La cuarta variante de significado el futuro simple español, al contrario de lo que sucede con las tres anteriores, no presenta carácter temporal. Tampoco está formada, como el quinto uso del futuro, por enunciados modales. El futuro atemporal abarca formas de futuro generales que expresan una acción o estado que es válido para todos los intervalos temporales. Se puede caracterizar la semántica temporal propia de estas formas futúricas como de generalizaciones atemporales o gnómicas. Muestran dos características centrales: por un lado la ya comentada generalidad y la posible pertenencia a cualquier fase temporal que ello conlleva, y la iteración.

Muy pocos gramáticos conceden a este uso del futuro el estatus de variante de significado. En las descripciones del futuro español son prácticamente tres autores los únicos que dedican su atención a este uso, Bull, Fernández Ramírez y Porto Dapena. W. E. Bull (1971, 92) explica en sus "nonsystemic functions" que en el futuro atemporal "the event is not orientated to an event inside the speaker ot to some other event which can be orientated to the speaker event. The event is orientated to a time free axis". Dentro del uso incluye, sin embargo, ejemplos de enunciados que no se ajustan a su propia definición, como los eventos hipotéticos. Nuestra variante de significado abarcará únicamente aquellas sentencias que Bull define como "description of a scientific progress, experiment, etc.".

Fernández Ramírez (1986, 293) denomina a esta variante de uso "futuro apodíctico" que "es el que aparece en las demostraciones matemáticas", y señala que el uso más frecuente se da "en escritos de carácter científico o doctrinal". El último de los tres gramáticos, Porto Dapena (1989, 55) agrupa el futuro atemporal con el de presente, distinguiendo, no obstante, entre los usos del "razonamiento científico", que no son de presente, y los usos de necesidad y probabilidad.

En alemán algunos (pocos) especialistas registran una variante de significado muy parecida que se sirve también del *Futur I* para expresar la generalidad atemporal. De este modo, Wunderlich (1970, 117) postula un "Futur I in generellen Aussagen". Con "generelle Aussagen" se refiere a los contextos en los cuales se pueden enmarcar estas formas verbales: se trata de oraciones de carácter empírico que no muestran restricciones temporales. Heidolph et al. (1981, 515) intentan conectar el futuro atemporal con el uso principal del futuro, el prospectivo, definiendo la variante como una "allgemeine Erwartung" "in Sätzen ohne ausgesprochenen Bezug zum Redemoment". La misma exposición se repite en Flämig (1991, 395).

Keuler (1993, 100) hace hincapié en la atemporalidad de los enunciados ("zeitlos") y restringe el radio de aparición de la variante a "Sprüche". Para Radtke (1998, 164), por último, se trata de una "Aussage mit genereller Gültigkeit".

Como afirma Keuler, este uso es relativamente usual en sentencias y refranes. Veamos un ejemplo en las dos lenguas:

"Un buen padre siempre querrá a sus hijos".

"Ein guter Vater wird stets seine Kinder lieben".

El futuro simple y el *Futur I* de esta sentencia popular indican una acción válida para el presente, el futuro y que habrá sido cierta en el pasado. Las mismas características muestra el presente atemporal/*atemporales Präsens*, uso por el que se podría sustituir. Semánticamente, la única diferencia que presentan presente y futuro, tanto en español como en alemán, es el carácter reforzante del uso futúrico, con el cual se proyecta la afirmación general de forma espacial hacia el futuro del hablante, sin que por ello deje lo dicho de tener validez en el presente y en el pasado.

Además de la posibilidad de aparición en enunciados sentenciadores o en refranes, esta variante de significado puede ser observada en enunciados de carácter general basados en la experiencia y el conocimiento del mundo por parte del hablante. Analicemos un ejemplo propio enmarcado en un fragmento de semántica temporal general:

"A Múnich también le afectan aquellos problemas que les dan quebraderos de cabeza a las grandes urbes: la polución, una alta tasa de crimen y un tráfico caótico. Múnich ya ha dejado de ser desde hace tiempo aquella gran ciudad con el encanto de un pueblecito bávaro. Pero un muniqués nunca lo *reconocerá*".

"München ist auch von den Problemen betroffen, die jeder Großstadt zu schaffen machen: Umweltverschmutzung, eine hohe Kriminalitätsrate und ein chaotischer Verkehr. München ist längst nicht mehr die Großstadt mit dem Flair eines bayerischen Dorfes. Aber ein Münchner *wird* das niemals *zugeben*".

Por lo tanto, al contrario de lo afirmado por Keuler (1993, 100), sí es posible encontrar futuros atemporales en enunciados que no conforman sentencias.

Las características de este uso son comunes a ambos idiomas. En primer lugar, la combinación de perspectivas temporales es coincidente: el momento del acontecimiento es múltiple y válido en toda la línea temporal, y en uno de esos momentos el hablante emite el enunciado y coloca el punto de enfoque.

No hay restricciones aspectuales ni accionales verbales: en la sentencia anterior, *querrá/wird lieben* son de aspecto imperfectivo y durativos, pero en el fragmento sobre Múnich *reconocerá/zugeben* son aspectualmente perfectivos y de semántica puntual. El modo de acción oracional, no obstante, es, como corresponde a la semántica de la variante, siempre iterativo.

Coloquialmente es un uso perteneciente a la lengua estándar que, además, muestra carácter comentado. No se aprecia ninguna característica modal, ni es posible la combinación con elementos modales léxicos. La carencia de modalidad se explica por el hecho de que los enunciados expresados en futuro atemporal tienen validez universal, esto es, son acciones que van a tener lugar, y la semántica modal –de conjetura, incertidumbre, etc.- no es compatible con esta significación.

Por lo que se refiere a la adverbialidad temporal, en los dos ejemplos aparecen complementos adverbiales, *siempre/stets* y *nunca/niemals*. No obstante, no son obligatorios:

(1) "Por hombre viejo mujer joven nunca llevará luto".
(2) "Um einen alten Mann wird eine junge Frau nicht trauern".

Con todo, tanto en español como en alemán, la inclusión de un adverbio es más idiomática, pues refuerza el carácter general del enunciado. Son adverbios de referencia temporal indiferente, deixis irrelevante y cuantificación temporal no numérica.

Como era de esperar al no existir rasgos modales, existe una coincidencia casi absoluta de funciones y comportamientos entre el **futuro atemporal español** y su equivalente directa alemana, el así denominado *atemporales Futur I*.

4.6. EL FUTURO SIMPLE MODAL Y SUS CORRESPONDENCIAS ALEMANAS

El último uso del futuro simple español presenta naturaleza modal. Por modalidad o naturaleza modal entendemos, a diferencia de importantes autores como Alarcos (2005, 155) o Bello (1988, 457), quienes, como ya se ha comentado, aplican este término a todos los usos del futuro que muestran componentes modales verbales, la falta de temporalidad en ciertos enunciados formados por el futuro simple español y el *Futur I* alemán. En este sentido, se puede describir esta variante de significado de modo general como aquel uso del futuro en el cual la temporalidad no interviene en la estructuración del enunciado. No obstante, como se comentará en breve, existen autores que sí le conceden un rasgo temporal, clasificando el futuro modal como un subuso del prospectivo.

En español podemos observar dos subvariantes modales. De ellas sólamente una tiene réplica directa en alemán: el futuro de significado imperativo. Nos referimos a enunciados del tipo "harás lo que yo te diga" o "usted firmará ahora mismo la carta", en los cuales el hablante exhorta al oyente a realizar una acción determinada.

Este uso es recogido en la gramática española por gran cantidad de autores, que, no obstante, lo describen de tres formas diferentes: como una variante futúrica, una presentiva o una imperativa absoluta no temporal (modal, como el modo imperativo). Los partidarios de la interpretación futúrica aducen que los imperativos son órdenes aún no llevadas a cabo, y pertenecen por eso al porvenir. De esta manera ya se pronuncia Salvá en su gramática de 1837 (1988, 182): "Al futuro pertenecen todos los sucesos venideros, y por tanto suele suplir al imperativo, y aun lo preferimos para determinadas locuciones". En Gili Gaya (2002, 165) se puede leer una definición similar que hace más hincapié en el cumplimiento de la orden en un futuro: "Se usa especialmente para indicar prohibición: *No matarás*; y con ello se da mayor realce a la voluntad que formula el mandato expresando seguridad en su cumplimiento futuro". Junto a Salvá y Gili Gaya son de esta opinión, entre otros, el Esbozo (1973, 470), Molho (1975, 302), Hernández Alonso (1996, 434), M. Morera (1999, 192) y Vera-Morales (2004, 352). Este último autor especifica el uso del imperativo en el futuro y lo restringe al futuro no próximo: "Zum Ausdruck dezidierter Aufforderung sowie in einigen wenigen feststehenden Wendungen hat das *futuro* die Funktion eines Imperativs, meistens mit Bezug auf die nicht nahe Zukunft".

En contraste con la posición anteriormente expuesta se encuentra el hispanista norteamericano W. E. Bull (1971, 91), para quien este uso del futuro es igualmente temporal, pero está conectado al presente, en cuanto que "the statement serves as a command or it expresses a rule, regulation, law, etc. promulgated at PP", entendiendo por "PP" "point present" (1971,17).

En este trabajo se optará por seguir al tercer grupo de autores, para los cuales las dos interpretaciones temporales anteriores conllevan problemas semántico-temporales, en cuanto que el futuro, como el imperativo, no especifica el momento en el cual debe suceder el evento ordenado, sino que simplemente expresa la orden o el deseo. De ahí que no haya unidad en interpretar el enunciado de semántica imperativa como perteneciente al presente o al futuro. Los autores del tercer grupo subrayan el matiz modal de obligación del futuro imperativo. Una de las mejores definiciones es la ofrecida por Sastre Ruano (1995, 72):

"Con valor de obligación, en la segunda y tercera personas equivale a un imperativo. Se utiliza para dar instucciones u órdenes categóricas. El empleo de esta forma no ofrece posibilidades de rechazar la orden o rebelarse ante ella. Se trata de órdenes tajantes, incluso que señalan el punto final sobre un asunto, de leyes, mandamientos...Son órdenes terminantes, de gran fuerza, independientemente de que lo mandado se realice o no".

Otros autores que inciden en la modalidad de estos enunciados son Fernández Ramírez (1986, 289), para quien este uso del futuro, que denomina "futuro categórico", manifiesta una "declaración enérgica de voluntad" que "constituye un exhorto o una solicitud vehemente", Hernández Cuadrado (1994, 125), R. Sarmiento (1997, 203), Araña/Aísa (1997, 85), López García (1998, 437), Marcos Marín (1998, 217) y Rodríguez-Vida (2000, 24).

La subvariante imperativa también es recogida en la gramática alemana. Existe incluso una coincidencia en el tratamiento teórico del uso, ya que podemos distinguir dos grupos de autores: uno describe el *Imperativfutur I* como una variante futúrica, y el otro como una variante modal imperativa absoluta.

A la cabeza de los futuralistas se encuentra Gelhaus (1969, 84-85, 1975, 140), quien expone una interpretación del *Imperativfutur I* basada en dos criterios, la temporalidad y la modalidad:

"Die NV [Nebenvariante] 2.2 bezeichnet in temporaler Hinsicht ein Geschehen/Sein als im Sprechzeitpunkt nicht abgeschlossen und nicht begonnen. In modaler Hinsicht drückt sie eine nachdrückliche Voraussage oder Ankündigung, näherhin einen Befehl oder –angeschwächt- eine Aufforderung (...) aus (Gelhaus 1975, 140)".

Sin embargo, el criterio fundamental que define la forma no es el temporal, que es "notwendig aber nicht hinreichend", sino el modal ("bezeichnend, notwendig und hinreichend").

4. El futuro simple español en contraste con el alemán

Helbig/Buscha (2008, 139) renuncian a explicitar el criterio modal y clasifican el uso imperativo que nos ocupa como una subvariante del "Futur I zur Bezeichnung eines zukünftigen Geschehens", definiéndola de la siguiente manera: "Sie kann neben der Zukunft einen ausdrücklichen Befehl bezeichnen".

Otros autores que obran de la misma manera que Helbig/Buscha son Erben (1980, 99), Heidolph et al. (1981, 515), quien habla de un Futur I "in Sätzen mit Zukunftsbedeutung (...) zum Ausdruck einer Aufforderung", Flämig (1991, 395) y Duden (2005, 515).

Son más numerosos los autores que siguen la interpretación que se adoptará en este trabajo, describiendo el futuro simple alemán de semántica imperativa como de naturaleza modal. A este respecto Schulz-Griesbach (1960, 58) hablan de una "Imperativbedeutung" cercana a la modal, cuya función es la expresión de una "energische Aufforderung". Esta posición se encuentra también en Griesbach (1980, 30), Wunderlich (1970, 117), Fleischer (1975, 143), Liebsch/Döring (1976, 49), Jung (1988, 218) y Engel (1988). Este último autor subraya para esta variante de significado que denomina "nachdrückliche Aufforderung" el carácter de brusquedad e impersonalidad que confiere el futuro a la significación imperativa:

"Hier dient das werden-Gefüge zum Ausdruck besonders brüsker Aufforderungen, Befehle usw. Formulierungen solcher Art wirken noch strenger und unpersönlicher als die entsprechenden Präsensäußerungen (Sie wiederholen diese Äußerung nicht.) oder Aufforderungen im Imperativ (Wiederholen Sie diese Äußerung nicht!)" (Engel 1988, 469).

En la última decada esta posición ha sido mantenida por, entre otros, Sommerfeldt/Starke (1992, 66), Keuler (1993, 100) y Rolland (1999, 60). También merece referencia la interpretación sociocomunicativa de D'Alquen (1997, 123), quien basándose en Dieling/Kemptner (1983, 327), postula que el uso del *Futur I* como variante de mandato "always indicates a difference in social rank, being the speaker higher", actuando este tiempo como una "metaphor for an imperative": los enunciados en los cuales aparece "must not be considered as grammatical imperatives, but as future tenses employed in such a way that they express an order".

Las características definitorias de los usos imperativos del futuro simple y del *Futur I* son la modalidad, la persona gramatical y la neutralización.

En lo que concierne a la modalidad, al indicar una orden o mandato que también puede ser expresada en el modo imperativo, el verbo se utiliza modalmente. Existe, por lo tanto, una componente modal verbal, que podemos apreciar en los siguientes fragmentos españoles y alemanes:

"Cuando llegó al campamento, Paula estaba despierta.
-¡Francisco! –dijo suavemente-. Creía que le había pasado a usted algo.
-Sí que ha pasado. Y mañana te pasará a ti.
-¿A mí?
-Mañana *subirás* a Oterón. Vete a ver al cura de mi parte y háblale. Se llama don Ángel" (Río 112).

"Als er ins Lager kam, war Paula wach.
<<Francisco!>> sagte sie sanft. <<Ich dachte, Ihnen wäre etwas zugestoßen.>>
<<Ja, mir ist etwas zugestoßen. Und morgen wird es dir zustoßen.>>
<<Mir?>>
<<Morgen *wirst* du nach Oterón *hinaufgehen*. Besuch den Pfarrer, grüss ihn von mir und rede mit ihm. Er heißt Don Ángel>>" (Río, trad. alt. 98).

En las dos formas de futuro marcadas en el texto, la carga modal predomina sobre la temporal: se trata de un mandato que, si bien debe ser cumplido en el futuro, se expresa en el presente y puede ser sustituido por el modo imperativo además de por un presente modal de significado imperativo:

(1) "Sube mañana a Oterón" / "Gehe morgen nach Oterón hinauf".
(2) "Mañana subes a Oterón" / "Du gehst morgen nach Oterón hinauf".

De hecho, en los dos fragmentos a la forma de futuro les siguen imperativos.

Además de la modalidad, demostrada por la posible neutralización de las formas por el modo imperativo, otra característica esencial es la persona gramatical. La mayor parte de los enunciados del futuro con valor imperativo aparecen en segunda persona. Como hemos visto anteriormente, con la primera persona se expresa decisión del hablante, mientras que con la segunda "se destaca claramente el valor volitivo y toma diferentes grados que van desde la exhortación hasta el mandato" (Alcina/Bleca 1998, 799). La segunda persona, si bien es la más común, no es la única. En este sentido afirma Engel (1988, 469): "Gegelentlich kommt auch die dritte Person vor". El enunciado anterior puede ser interpretado de manera imperativa:

(3) "Mañana (él/usted) subirá a Oterón" / "Morgen wird er (werden Sie) nach Oterón hinaufsteigen".

Estamos ante la forma de cortesía (formalmente tercera persona en las dos lenguas) o una órden que se da delante de un oyente a una tercera persona.

Hay que señalar, por otra parte, citando a D'Alquen (1997, 124), que "the use of the second person by no means guarantees an order-like meaning". También puede aparecer significando futuro prospectivo de pronóstico:

(4) "No sé lo que harás mañana. Quizá subirás a Oterón o te quedarás en casa leyendo. No sé".
(5) "Ich weiß nicht, was du für morgen vorhast. Vielleicht wirst du nach Oterón hinaufsteigen oder zu Hause bleiben und lesen. Ich weiß es nicht".

Coloquialmente tanto el uso español como el alemán presentan un matiz levemente informal. Al presentar carácteres típicamente modales, la combinación de perspectivas es irrelevante, así como el aspecto verbal y el modo de acción. Se trata en ambos idiomas de un uso estándar comentado en el cual tiene cabida la adverbialidad temporal. Los adverbios temporales pueden ser de referencia presente o futura –éste es uno de los criterios del que se valen los autores que incluyen el futuro imperativo dentro del prospectivo-, y deícticamente no poseer restricciones (la cuantificación es irrelevante).

Según lo visto, el futuro modal imperativo español se corresponde con el uso imperativo del *Futur I* alemán. No obstante, si se observa atentamente el comportamiento de esta variante de futuro española, es posible encontrar casos en los cuales el futuro español no se expresa en alemán con el *Futur I*:

(6) "No matarás" / "Du sollst nicht töten".
(7) "Sentirás vergüenza cuando te des cuenta de tus faltas" / "Du sollst dich schämen, wenn du deine Fehler einsiehst".

En estos casos estamos ante mandatos generales y/o atemporales. El primero de ellos es un mandamiento y el segundo una exhortación atemporal de carácter no religioso. Castell (2001, 10) describe la interferencia que observamos en el primer ejemplo de la siguiente manera: "*Sollen* aparece, por otra parte, en los mandamientos de la fe cristiana, en los que la lengua española utiliza el futuro de indicativo". No se refiere al segundo tipo. Nótese que estos enunciados no coinciden con los anteriores en señalar una leve informalidad, sino que presentan cierto carácter formal.

La segunda subvariante modal del español es inexistente en alemán. Es un mecanismo de cortesía utilizado en general en segunda persona con entonación interrogativa. Alcina/Blecua (1998, 800) lo llaman "futuro de cortesía" y lo ponen en contacto con el presente: "Este mismo futuro del momento presente suaviza la misma construcción de presente". Aclaraciones similares a la de estos dos autores se encuentran en H. Cuadrado (1994, 126), Garcés (1997, 64) y Rodríguez-Vida (2000, 95).

Porto Dapena (1989, 56) y Sastre Ruano (1995, 74) lo ponen en contacto con el condicional, con el que, en efecto, puede conmutarse:

(8) "¿Me dejará usted pasar, por favor?"
(9) "¿Me dejaría usted pasar, por favor?.

Este subuso presenta las mismas características que el imperativo, a excepción del grado de coloquialidad, ya que es un enunciado levemente formal: la variante más formal es el condicional, la informal el presente, por el que también puede ser sustituido, en cuyo caso, no obstante, se pierde todo matiz de cortesía:

(10) "¿Me deja pasar?"

En alemán el *Futur I* no puede expresar cortesía. Un enunciado como "werden Sie mich durchlassen, bitte?" es más bien imperativo. La correspondencia del futuro modal de cortesía en alemán es una forma de *Konjunktiv* como "würden Sie mich durchlassen?".

Entre la subvariante imperativa y la de cortesía se encuentran los enunciados de futuro modal del verbo "decir", que se corresponden en alemán a la estructura de cortesía formada por la primera persona del verbo "bitten":

(11) "Buenos días, me gustaría preguntarle una cosa. –Usted dirá".
(12) "Guten Tag, ich möchte Sie etwas fragen. –Bitte".

Vera-Morales (2004, 353) define la función de este subuso que presenta una semántica a medio camino entre lo imperativo y lo cortés de la siguiente manera: "Die entsprechenden Formen des *futuro* von DECIR werden als Formel zur Aufforderung an den Gesprächspartner, sein Anliegen vorzutragen".

El futuro modal, por lo tanto, no equivale en todos los casos a un *Futur I* alemán. Como se viene comprobando, los usos modales son los más propensos a conformar interferencias gramaticales entre las formas temporales del español y del alemán. En el caso que nos ocupa, el **futuro modal** español puede ser rendido en alemán mediante el *modales Futur I* cuando se trata de usos de semántica imperativa no atemporal. Si la utilización imperativa es general o atemporal, el alemán recurre al verbo modal *"sollen + Inf"*. Además, la subvariante de cortesía del español no aparece en alemán, que utiliza para marcar la cortesía exclusivamente el *Konjunktiv*. Y por último hay que señalar que la variante intermedia formada por el futuro del verbo "decir" equivale en alemán a la estructura de cortesía "bitte".

4.7. USOS NEUTRALIZADOS DEL FUTURO SIMPLE/*FUTUR I* Y PROCESO CONTRASTIVO INVERSO

Algunos usos del futuro simple español y alemán pueden ser sustituidos por otros tiempos u modos verbales. Al igual que sucede con el presente en ambos idiomas, el futuro también hace referencia o puede hacer referencia a las épocas de presente, pasado (aún siendo un uso marginal) y futuro, al igual que a la atemporalidad y la modalidad. Por esta razón, hemos observado una amplia gama de posibilidades de neutralización de cada uno de sus usos. En general, los casos de neutralización del futuro coinciden en los dos idiomas.

Los usos del futuro pueden ser neutralizados en los siguientes casos:

- El futuro de declaración de intenciones español es sustituible por el presente prospectivo o, más comúnmente, por la perífrasis "ir a + inf.". En alemán la sustitución por un *Zukunftspräsens* es igualmente posible. Además la declaración de intenciones es neutralizable por la estructura "wollen + Inf.".

- En el uso de temporalidad presente, el futuro simple español es neutralizable por un presente acompañado de una componente modal léxica obligatoria o, en algunas (pocas) ocasiones por "vendrá a + inf." En alemán la neutralización del *Gegenwartsfutur I* por un *Präsens* junto a una componente modal léxica obligatoria es igualmente posible. Además con mucha asiduidad se utilizan para expresar el sentido presentivo altamente modal que contiene esta forma "dürfte + Inf." y "mögen + Inf.".

- El futuro simple de referencia pasada se neutraliza casi siempre mediante un condicional en español y un *Konjunktiv II* en alemán.
- El futuro atemporal es sustituible por un presente atemporal español y un *atemporales Präsens* alemán.
- Y, en último lugar, el futuro modal de significado imperativo, que ha sido denominado en alemán "modales Imperativpräsens" puede ser neutralizado por un imperativo en ambos idiomas. Además, la subvariante modal de cortesía del español, inexistente en alemán, se expresa normalmente en condicional.

Como se ha podido comprobar a lo largo de las exposiciones correspondientes a este segundo capítulo contrastivo, el futuro simple español equivale en la mayor parte de los enunciados al *Futur I* alemán.

Si se invierte el proceso contrastivo, esto es, si se parte del alemán como lengua base y del español como lengua objeto, se observa que el *Futur I* tiene menos uso que el futuro simple. Esto se debe, como ya se ha apuntado, al uso más frecuente en alemán de los verbos modales, sobre todo en lo que concierne a los usos de presente y a los modales. Pero el *Futur I* no se corresponde en español únicamente con el futuro simple, sino que existe otra posibilidad de traducción, la perífrasis "ir a + inf." que hemos comentado en los usos neutralizados de referencia futura. En este sentido, ya Cartagena/Gauger (1989, 395) apuntan:

"Im Falle der zukunftsbezogenen Aussagen, worunter nicht nur die bloße Bezeichnung eines noch bevorstehenden Geschehens in der Zukunft, sondern auch Sprechakte wie Aufforderungen, Befehle, Ankündigungen einer Absicht, Versprechen u.ä. zu verstehen sind, stellen wir die allgemeinen Entsprechungen dt. *wird tun* = sp. *hará, va a hacer* (...) fest".

Las formas perifrásticas se utilizan para expresar una intención por parte del hablante. En los demás casos el *Futur I* o futuro simple alemán se corresponde con el futuro simple español. En este sentido, por lo tanto, la transferencia temporal es menos problemática para un germanoparlante que para un hispanoparlante que pretenda dominar la gramática alemana. Este último tiene que solventar el problema de los usos del futuro simple español que no se expresan en alemán con el *Futur I* sino con determinados verbos modales. De hecho, los verbos modales conforman uno de los capítulos más difíciles a los que se enfrentan los aprendices hispanohablantes de alemán.

5. CONCLUSIONES

En este trabajo se han analizado de forma contrastiva las variantes de uso del presente y del futuro simple en español y alemán desde un punto de vista monodireccional. La lengua de partida ha sido el español. Las correspondencias de ambos tiempos en alemán pueden ser clasificadas en dos grupos dependiendo del grado de similitud. Por un lado existen usos temporales coincidentes o similares en ambas lenguas y que por lo tanto no deberían crear problemas a los estudiantes del alemán o del español como lengua extranjera. Por otro se observan usos divergentes, para cuya adquisión en clase de le lengua extranjera se le ha de dedicar más esfuerzo.

Esquemáticamente las equivalencias del **presente** español en alemán nos permiten configurar el siguiente cuadro contrastivo estructurado por los anteriormente señalados usos temporales similares y divergentes:

USOS SIMILARES DEL PRESENTE

    a)   Usos de temporalidad presente:
    Presente puntual > *punktuelles Präsens*
    Presente durativo > *duratives Präsens*
    Presente actual > *aktuelles Präsens*
    Presente performativo > *performatives Präsens*
    Presente identificador > *Identifizierungspräsens*
    b)   Usos de temporalidad pasada:
    Presente histórico > *historisches Präsens*
    Presente escénico > *szenisches Präsens*
    c)   Usos de temporalidad futura:
    Presente prospectivo puntual > *punktuelles Zukunftspräsens*
    Presente prospectivo durativo > *duratives Zukunftspräsens*
    d)   Usos atemporales:
    Presente atemporal > *atemporales Präsens*
    e)   Usos modales:
    Presente de mandato > *Imperativpräsens*

Presente condicional de presente/futuro > *Bedingungspräsens*

USOS DIVERGENTES DEL PRESENTE

a)   Usos modales:
Presente de aprobación y permiso   >   *Modalkonstruktion* "wollen + Inf.", "sollen + Inf."
Presente de conato   >   *Konjunktiv II*
Presente condicional de pasado   >   *Konjunktiv II*

Aquellas equivalencias alemanas marcadas por un asterisco, sin bien son similares a las españolas, presentan al menos un rasgo distintivo en el uso de la forma verbal, como restricciones adverbiales, diferentes neutralizaciones, etc.

Por lo tanto, el *Präsens* alemán es una forma temporal a la que los estudiantes de lengua materna española tienen fácil acceso a través del presente español, que se corresponde con el alemán en todos los usos temporales, aún cuando en alguno de ellos se observen una o más diferencias de uso entre las mismas subvariantes de un uso. Los usos temporales divergentes vienen dados por las referencias modales del presente español, que en alemán se corresponde con otro modo, el *Konjunktiv*, a excepción del presente imperativo, que presenta una coincidencia de empleo. Los estudiantes germanohablantes de español tampoco deberían tener grandes problemas en dominar todos los usos del presente español.

Esquemáticamente las correspondencias del **futuro simple** español en alemán se pueden tabular en el siguiente cuadro contrastivo dividido, al igual que se ha hecho con el presente, en usos similares y divergentes:

USOS SIMILARES DEL FUTURO SIMPLE

a) Usos de temporalidad futura:
Futuro prospectivo de declaración de intenciones   >   **deklaratives Zukunftsfutur I*
Futuro prospectivo de pronóstico   >   *Vorhersage-Zunkunftsfutur I*
b) Uso de temporalidad presente:
Futuro presentivo   >   *Gegenwartsfutur I*
c) Uso de temporalidad pasada:

5. Conclusiones

Futuro retrospectivo > *Vergangenheitsfutur I*
d) Uso atemporal:
Futuro atemporal > *atemporales Futur I*
e) Uso modal:
Futuro modal imperativo no general > *Imperativfutur I*

USOS DIVERGENTES DEL FUTURO SIMPLE

a) Uso presentivo:
Futuro presentivo > *Modalkonstruktionen*
"dürften + Inf." (probabilidad)
"mögen + Inf." (concesión, incertidumbre)
"können + Inf." (sorpresa)
b) Usos modales
Futuro modal imperativo general > *Modalkonstruktion* "sollen + Inf."
Futuro modal de cortesía > *Konjunktiv*
Futuro modal de cortesía con "decir" > "bitte"

La primera equivalencia de todas, marcada por un asterisco, presenta un rasgo distintivo en el uso: la neutralización por estructuras diferentes.

Como se aprecia en el esquema el *Futur I* es una forma temporal que coincide en sus usos futúricos de pasado plenamente con el español. El único problema que supone en la adquisición del alemán como lengua extranjera para hispanohablantes se restringe a los usos presentivos y modales. Tanto en unos como en otros los verbos modales alemanes adquieren gran importancia, y el aprendiz de alemán debe dominar el uso correcto de los verbos modales para poder expresar todos los contenidos del futuro simple español en alemán.

Como sucede en el caso del presente, las interferencias vienen dadas por las características modales, que también están presentes en los usos presentivos del futuro español.

BIBLIOGRAFÍA

ADMONI, Vladimir. 1970. *Der deutsche Sprachbau*. Múnich: Becksche Verlagsbuchhandlung.
ALARCOS LLORACH, Emilio. 1949. "Sobre la estructura del verbo español", en: *Boletín de la Biblioteca de Menéndez Pelayo XXV/1*, 50-83.
ALARCOS LLORACH, Emilio. 1970. *Gramática estructural*. Madrid: Gredos.
ALARCOS LLORACH, Emilio. 1990³ (1970). *Estudios de gramática funcional del español*. Madrid: Gredos.
ALARCOS LLORACH, Emilio. 2005/1996⁸ (1994). *Gramática de la lengua española*. Madrid: Espasa-Calpe.
ALCINA FRANCH, Juan & José Manuel BLECUA. 1998¹⁰ (1975). *Gramática de la lengua española*. Barcelona: Ariel.
BALLWEG, Joachim. 1981. "Simple Present Tense and Progressive Periphrases in German", en: Eikmeyer, Hans-Jürgen & Hannes Rieser. edd.: *Words, worlds and contexts: new approaches in word semantics*. Berlín: De Gruyter.
BALLWEG, Joachim. 1984. "Praesentia non sunt multiplicanda praeter necessitatem", in: Stickel, Gerhard. ed.: *Pragmatik in der Grammatik*. Düsseldorf: Schwann.
BALLWEG, Joachim. 1986. "Tempus-Versuch eines Grammatikkapitels", en: Zifonun, Gisela. ed. *Vor-Sätze zu einer neuen deutschen Grammatik*. Tübingen: Narr.
BALLWEG, Joachim. 1988. *Die Semantik der deutschen Tempusformen*. Düsseldorf: Schwann.
BALLWEG, Joachim. 1989. "Preterite versus (Present-)Perfekt in Modern German", en: Abraham, Werner & Theo Janssen. ed. *Tempus-Aspekt-Modus*. Tübingen: Niemeyer.
BALLWEG, Joachim. 1997. "Zusammengesetzte Tempora und dynamische Tempusinterpretation im Deutschen", en: Quintin, Hervé. ed. *Temporale Bedeutungen-Temporale Relationen*. Tübingen: Stauffenburg.
BARTSCH, Werner. 1980. *Tempus, Modus, Aspekt*. Francfort/M: Verlag Moritz Diesterweg.
BATCHELOR R. E. & C. J. POUNTAIN. 1992. *Using Spanish-A guide to contemporary usage*. Cambridge: CUP.
BAUMGÄRTNER, Klaus & Dieter WUNDERLICH. 1969. "Ansatz über eine Semantik des deutschen Tempussystem", en: Gelhaus, Hermann et al. 1969: *Der Begriff Tempus-eine Ansichtssache?*. Düsseldorf: Schwann.
BELLO, Andrés. 1988 (reedic. del original de 1847). *Gramática de la lengua castellana destinada al uso de los americanos*. Madrid: Arco Libros.
BERSCHIN, Helmut. 1987. "Futuro analítico y sintético en el español peninsular y colombiano", en: *LEA IX*, 101-110.
BLAS ARROYO, José Luis. 2000. "Aspectos sobre la variación lingüística en la lenguaescrita: la expresión de futuridad en el español literario", en: *LEA XXII*, 161-200.
BRINKMANN, Hennig. 1962. *Die deutsche Sprache-Gestalt und Leistung*. Düsseldorf: Pädadogischer Verlag Schwann.
BRONS-ALBERT, Ruth. 1982. *Die Bezeichnung von Zukünftigem in der gesprochenen deutschen Standardsprache*. Tübingen: Narr.
BUCK, Timothy. 1999. *A concise German grammar*. Oxford: OUP.
BULL, William E. 1971. *Time, Tense and the Verb*. Berkeley: UCP.
BUSTOS GISBERT, José Manuel. 1995. "La temporalidad en español: un análisis intencional", en: *LEA XVII*, pp. 143-166.
CALVO PÉREZ, Julio. 1996. "Para un nuevo paradigma del verbo español", en: *Anuario Galego de Filoloxía 23*, pp. 37-65.
CARTAGENA, Nelson. 1977. "Estructura y función de los tiempos del modo indicativo en el sistema verbal del español", en: *Revista de lingüística teórica y aplicada 14-15*, pp. 5-45.

CARTAGENA, Nelson & Hans-Martin GAUGER. 1989. *Vergleichende Grammatik Spanisch-Deutsch*. Vol. I. Mannheim: Duden-Verlag.
CASTELL, Andreu. 2001[3] (1997). *Gramática de la lengua alemana*. Madrid: Editorial Idiomas.
CONFAIS, Jean-Paul. 1990. *Temps, mode, aspect*. París: Presses Universitaires du Mirail.
COSERIU, Eugenio. 1976. *Das romanische Verbalsystem*. Tübingen: Gunter Narr.
D'ALQUEN, Richard. 1997. *Time, mood and aspect in German*. Francfort/M: Peter Lang.
DE LA TORRE, Santiago. 1991. *Normativa básica del uso del español*. Madrid: Paraninfo.
DÍAZ PERALTA, Marina. 1997. "Variación sintáctica y estilo discirsivo: la expresión de la futuridad en el español de las Palmas de Gran Canaria", en: *LEA XIX*, pp.185-197.
DIELING, KLAUS & Fritz KEMPTNER. 1983. *Die Tempora*. Leipzig: VEB.
DI TULLIO, Ángela. 1997. *Manual de gramática del español*. Buenos Aires: Edicial.
DITTMANN, Jürgen. 1976. *Sprechhandlungstheorie und Tempusgrammatik*. Múnich: Hueber.
DODD, Bill et al. (2003). *Modern German Grammar*. Londres: Routledge.
DORFMÜLLER-KARPUSA, Käthi. 1983. *Temporalität, Theorie und Allgemeinwissen in der Textinterpretation: eine sprachübergreiffende Analyse*. Hamburg: Buske.
DUDEN. 1998/2005. *Duden. Die Grammatik*. Mannheim: Duden.
EBERENZ, Rolf. 1981. *Tempus und Textkonstitution im Spanischen*. Tübingen: Narr.
EISENBERG, Peter. 2006. *Grundriß der deutschen Grammatik – Der Satz*. Stuttgart: Metzler.
ENGEL, Ulrich. 1988. *Deutsche Grammatik*. Heidelberg: Groos.
ENGEL, Ulrich. 2004. *Deutsche Grammatik –Neubearbeitung-*. Múnich: Iudicium.
ERBEN, Johannes. 1980[12] (1972). *Deutsche Grammatik. Ein Abriss*. Ismaning: Hueber.
FABRICIUS-HANSEN, Cathrine. 1986. *Tempus fugit: Über die Interpretation temporaler Strukturen im Deutschen*. Düsseldorf: Schwann.
FELIXBERGER, Josef. 2005. *Die spanische Sprache*. Hildesheim: Olms.
FERNÁNDEZ RAMÍREZ, Salvador. 1986. *Gramática española*. Madrid: Arco Libros.
FLÄMIG, Walter. 1991. *Grammatik des Deutschen: Einführung in Struktur- und Wirkungszusammenhänge*. Berlín: Akademieverlag.
FLEISCHER, Wolfgang & Georg MICHEL. 1975. *Stilistik der deutschen Gegenwartssprache*. Leipzig: VEB.
GARCÉS, María Pilar. 1997. *Las formas verbales en español. Valores y usos*. Madrid: Verbum.
GARCÍA FERNÁNDEZ, Luis. 2000. *La gramática de los complementos temporales*. Madrid: Visor Libros.
GELHAUS, Hermann. 1969. "Sind Tempora Ansichtssache?", en: Gelhaus, Hermann et al.: *Der Begriff Tempus-eine Ansichtssache?*. Düsseldorf: Schwann.
GELHAUS, Hermann.1975. *Das Futur in ausgewählten Texten der geschriebenen deutschen Sprache der Gegenwart*. Múnich: Hueber.
GILI GAYA, Samuel. 2002[15] (1943). *Curso Superior de Sintaxis Española*. Barcelona: Vox.
GLINZ, Hans. 1970. *Deutsche Syntax*. Vol. I. Bad Homburg: Athenäneum Verlag.
GONZÁLEZ ARAÑA, Corina & Mª Carmen HERRERO AÍSA. 1997. *Manual de gramática española*. Madrid: Castalia.
GÖTZE, Lutz & Ernest W. B. HESS-LÜTTICH. 1999 (1989). *Grammatik der deutschen Sprache*. Múnich: Bertelsmann.
GREWENDORF, Günther. 1982. "Zur Pragmatik der Temporal im Deutschen", en: *Deutsche Sprache 3*, pp. 213-236.
GREWENDORF, Günther. 1984. "Besitzt die deutsche Sprache ein Präsens?", en: Stickel, Gerhard (ed.): *Pragmatik in der Grammatik*. Düsseldorf: Schwann.
GRIESBACH, Heinz. 1980. *Das deutsche Verb*. Múnich: Hueber.
GUTIÉRREZ ARAUS, María Luz. 1997. *Formas temporales del pasado en indicativo*. Madrid: Arco Libros.

HEIDOLPH, Erich et al. ed. 1981. *Grundzüge einer deutschen Grammatik*. Berlín: Akademie-Verlag.
HELBIG, Gerhard & Joacim BUSCHA. 2008 (1970). *Deutsche Grammatik. Ein Handbuch für den Ausländerunterricht*. Berlín/Múnich: Langenscheidt.
HENTSCHEL, Elke & Harald WEYDT. 2003 (1989). *Handbuch der deutschen Grammatik*. Berlín: De Gruyter.
HERINGER, Hans Jürgen. 1983. "Präsens für die Zukunft", en: Askedal, John Ole et al. *Festschrift für Laurits Saltveit*. Oslo: Universitetsforlaget.
HERNÁNDEZ ALONSO, César. 1967. "El futuro absoluto de indicativo", en: *Archivum XVII*, pp. 29-39.
HERNÁNDEZ ALONSO, César. 1973. "Sobre el tiempo en el verbo español", en: *RSEL 3/1*, pp. 143-178.
HERNÁNDEZ ALONSO, César. 1979. *Sintaxis española*. Valladolid.
HERNÁNDEZ ALONSO, César. 1996[3] (1984). *Gramatica funcional del español*. Madrid: Gredos.
HERNANDO CUADRADO, Luis Alberto. 1994. *Aspectos gramaticales del español hablado*. Madrid: Ediciones Pedagógicas.
HERWEG, Michael. 1990. *Zeitaspekte: Die Bedeutung von Tempus, Aspekt und temporalen Konjunktionen*. Wiesbaden: Deutscher Universitätsverlag.
KATTÁN-IBARRA, Juan & Christopher J. POUNTAIN. 1992. *Modern Spanish Grammar*. Londres: Routledge.
JUNG, Walter. 1988[9] (1966). *Grammatik der deutschen Sprache*. Leipzig: VEB.
KEULER, Gudrun. 1993. *Die Tempora und der Tempusgebrauch in zusammengesetzten Sätzen*. Francfort/M: Lang.
KLUGE, Wolfhard. 1969. "Zur Diskussion um das Tempussustem", en: Gelhaus, Hermann et al.: *Der Begriff Tempus-eine Ansichtssache?*. Düsseldorf: Schwann.
KOVACCI, Ofelia. 1992: *El comentario gramatical*. Madrid: Arco Libros.
KUNZE, Jürgen et al. 1987. *Probleme der Selektion und Semantik*. Berlín: Akademie-Verlag.
LAQUIMIZ, Vidal. 1972. *Morfosintaxis estructural del verbo español*. Sevilla: Publicaciones de la Universidad de Sevilla.
LAQUÍMIZ, Vidal. 1982. *El sistema verbal del español*. Málaga: Ágora.
LAQUÍMIZ, Vidal. 1987. *Lengua española. Método y estructuras lingüísticas*. Barcelona: Ariel.
LEISS, Elisabeth. 1992. *Die Verbalkategorien des Deutschen*. Berlín: De Gruyter.
LIEBSCH, Helmut & Hellmut DÖRING. 1976. *Deutsche Sprache. Handbuch für den Sprachgebrauch*. Leipzig: VEB.
LÓPEZ GARCÍA, Ángel. 1998. *Gramática del español*. Vol III. Madrid: Arco Libros.
LORENZO, Emilio. 1980. *El español de hoy, lengua en ebullición*. Madrid: Gredos.
LUDWIG, Otto. 1971. "Ein Vorschlag für die semantische Analyse des Präsens", en: *Linguistische Berichte 14*, pp. 34-41.
MARCOS MARÍN, Francisco. 1980. *Gramática española*. Madrid: Síntesis.
MARKUS, Manfred. 1977. *Tempus und Aspekt*. Munich: Wilhelm Fink.
MARSCHALL, Gottfried R. 1997. "Die Bedeutung des Referenz- oder Betrachtpunktes für die Semantik deutscher Tempora", en: Quintin, Hervé (ed). *Temporale Bedeutungen-Temporale Relationen*. Tübingen: Stauffenburg.
MARSCHALL, Matthias. 1997. "Keine Zeit für Tempora: zum Sinn der deutschen Verbalmorpheme", en: Quintin, Hervé (ed). *Temporale Bedeutungen-Temporale Relationen*. Tübingen: Stauffenburg.
MATTE BON, Francisco. 1995. *Gramática comunicativa del español*.Madrid: Edelsa.

MATZEL, Klaus & Bjarne ULVESTAD. 1982. "Futur I und futurisches Präsens", en: *Sprachwissenschaft 7*, pp. 282-328.
MEIER, Harri. 1966. "Futuro y futuridad", en: *RFE XLVIII/1-2*, pp. 61-77.
MIELL, Anna & Heiner SCHENKE (2006). *Intermediate German. A grammar and workbook.* Londres: Routledge.
MOLHO, Mauricio. 1975. *Sistemática del verbo español.* Madrid: Gredos.
MORERA, Marcial. 1999. *Apuntes para una gramática del español de base semántica.* Puerto de Rosario: Servicio de Publicaciones del Cabildo de Fuerteventura.
MUGLER, Alfred. 1988. *Tempus und Aspekt als Zeitbeziehungen.* Múnich: Wilhelm Fink.
MUSAN, Renate. 2002. *The German perfect.* Dordrecht: Kluwer.
PARK, Hyun-Sun. 2003. *Tempusfunktionen in Texten.* Francfort: Peter Lang.
PÉREZ RIOJA, José Antonio. 1971. *Gramática de la lengua española.* Madrid: Tecnos.
PORTO DAPENA, José Álvaro. 1989. *Tiempos y formas no personales del verbo.* Madrid: Arco Libros.
RADTKE, Petra. 1998. *Die Kategorien des deutschen Verbs: zur Semantik grammatischer Kategorien.* Tübingen: Gunter Narr.
R.A.E. 1973. *Esbozo de una nueva gramática de la lengua española.* Madrid: Espasa-Calpe.
RALLIDES, Charles. 1971. *The tense aspect system of the Spanish verb.* La Haya: Mouton.
REICHENBACH, Hans. 1947-1948. *Elements of Symbolic Logic.* Nueva York: Macmillan.
ROCA-PONS, J. 1985. *Introducción a la gramática.* Barcelona: Teide.
RODRÍGUEZ-VIDA, Susana. 2000. *Los tiempos verbales.* Barcelona: Octaedro.
ROJO, Guillermo. 1974. "La temporalidad verbal en español", en: *Verba, Anuario Galego de Filoloxía 1*, pp. 68-146.
ROJO, Guillermo & Alexandre VEIGA. 1999. "El tiempo verbal. Los tiempos simples", en: Bosque, Ignacio & Violeta Demonte. *Gramática Descriptiva de la Lengua Española.* Madrid: Espasa-Calpe.
ROLLAND, M. Th. 1997. *Neue deutsche Grammatik.* Bonn: Dümmler.
SALTVEIT, Laurits. 1960. "Besitzt die deutsche Sprache ein Futur?", en: *Der Deutschunterricht 12*, pp. 46-65.
SALVÁ, Vicente. 1988 (reedic. del original de 1837). *Gramática de la lengua castellana según ahora se habla.*
SÁNCHEZ MÁRQUEZ, Manuel J. 1972. *Gramática moderna del español.* Madrid: Ediar.
SARMIENTO, Ramón. 1997. *Manual de corrección gramatical y de estilo.* Madrid: Sgel.
SASTRE RUANO, Mª Ángeles. 1995: *El indicativo.* Madrid: Ediciones Colegio de España.
SCHANEN, François. 1995. *Grammatik Deutsch als Fremdsprache.* Múnich: Iudicium.
SCHLEGEL, Dorothee. 2004. *Alles hat seine Zeiten. Zeiten zu sprechen-Zeiten zu schreiben.* Francfort: Peter Lang.
SCHULZ, Dora & Heinz GRIESBACH. 1960. *Grammatik der deutschen Sprache.* Múnich: Hueber.
SOMMERFELDT, Karl Ernst & Günter STARKE. 1992^2 (1988). *Einführung in die Grammatik der deutschen Gegenwartssprache.* Tübingen: Niemeyer.
TEN CATE, Abraham P. 1989. "Präsentische und präteritale Tempora im deutsch-niederländischen Sprachvergleich", en: Abraham, Werner & Theo Janssen. *Tempus-Modus-Aspekt.* Tübingen: Niemeyer.
THIEROFF, Rolf. 1992. *Das finite Verb im Deutschen: Tempus-Modus-Distanz.* Tübingen: Narr.
THIEROFF, Rolf. 1994. "Das Tempussystem des Deutschen", en: Thieroff, Rolf & Joachim Ballweg. *Tense systems in European languages.* Tübingen: Narr.
THIEROFF, Rolf. 2004. "Modale Tempora – non-modale Modi", en: Leirbukt, Oddleif. ed. *Tempus/Temporalität und Modus/Modalität im Sprachvergleich.* Tübingen: Stauffenburg.

TRUJILLO, Ramón. 1995. "Sobre la modalidad de los futuros", en: *Estudios de lingüística hispánica*. Madrid: Gredos.
UREÑA, Alonso. 1967. *Gramática castellana*. Buenos Aires: Losada.
VALENTIN, Paul. 1997. "Zum semantischen System der deutschen Tempora", en: Quintin, Hervé. ed. *Temporale Bedeutungen-Temporale Relationen*. Tübingen: Stauffenburg.
VAN POTTELBERGE, Jeroen. 2004. *Der am-Progressiv*. Tübingen: Narr.
VATER, Heinz. 1975. "Werden als Modalverb", en: Calbert, J.P. ed. *Aspekte der Modalität*. Tübingen: Gunter Narr.
VATER, Heinz. 1983. "Zum deutschen Tempussystem", en: Askedal, John Ole et al.: *Festschrift für Laurits Saltveit*. Oslo: Universitetsforlaget.
VATER, Heinz. 1991, 2007. *Einführung in die Zeitlinguistik*. Hürth: Gabel/Tréveris: WVT.
VATER, Heinz. 1997. "Hat das deutsche Futurtempora?", en: Vater, H. ed. *Zu Tempus und Modus im Deutschen*. Tréveris: WVT.
VENNEMANN, Theo. 1987. "Tempora und Zeitrelation im Standarddeutschen", en: *Sprachwissenschaft 12*, pp. 234-249.
VERA MORALES, José. 2004. *Spanische Grammatik*. Munich: Oldenbourg.
WEINRICH, Harald. 1994 (1964). *Tempus: Besprochene und erzählte Welt*. Stuttgart: Kohlhammer.
WEINRICH, Harald. 1993. *Textgrammatik der deutschen Sprache*. Mannheim: Duden.
WELKE, Klaus. 2005. *Tempus im Deutschen*. Berlín: de Gruyter.
WUNDERLICH, Dieter. 1970. *Tempus und Zeitreferenz im Deutschen*. Múnich: Hueber.
ZELLER, Jochen. 1994. *Die Syntax des Tempus: zur strukturellen Repräsentation temporaler Ausdrücke*. Opladen: Westdeutscher Verlag.
ZIFONUN, Gisela et al.. ed. 1997. *Grammatik der deutschen Sprache*. Vol III. Berlín: De Gruyter.
ŽUIKIN, Juri. 1975. "Futur I und futurisches Präsens im unabhängigen Satz", en: *Deutsch als Fremdsprache 12*, pp. 44-50.

Corpus

DELIBES, Miguel. 2001^5 (1988). *El loco*. Barcelona: Destino. <<Loco>>
Trad. 1999. *Der Verrückte*. Berlín: Wagenbach.
DEBILES, Miguel. 1998. *El hereje*. Barcelona: Destino. <<Hereje>>
Trad. 2000. *Der Ketzer*. Zürich: Ammann.
DÜRRENMATT, Friedrich. 1993 (1952). *Der Richter und sein Henker*. Zürich: Diogenes.
Trad. 2000. *El juez y su verdugo*. Barcelona: Tusquets. <<Richter>>
DÜRRENMATT, Friedrich. 1985 (1955). *Griechе sucht Griechin*. Zürich: Diogenes. <<Grieche>>
Trad. 1999. *Griego busca griega*. Barcelona: Tusquets.
MENDOZA, Eduardo. 1999 (1989). *La isla inaudita*. Barcelona: Seix Barral. <<Isla>>
Trad. 1996. *Die unerhörte Insel*. Francfort/M: Suhrkamp.
MENÉNDEZ PIDAL. 1950. *El Cid Campeador*. Madrid: Austral. <<Cid>>
SAMPEDRO, José Luis. 1999^3 (1961). *El río que nos lleva*. Barcelona: Plaza & Janés. <<Río>>
Trad. 1999. *Der Fluß, der uns trägt*. Freiburg/Br.: Herder.
SAMPEDRO, José Luis. 2000 (1986). *La sonrisa etrusca*. Barcelona: Plaza & Janés. <<Sonrisa>>
Trad. 2001. *Das etruskische Lächeln*. Freiburg/Br.: Herder.

Romanische Sprachen und ihre Didaktik (RomSD)

Herausgegeben von Michael Frings und Andre Klump

ISSN 1862-2909

1   *Michael Frings und Andre Klump (edd.)*
    Romanische Sprachen in Europa. Eine Tradition mit Zukunft?
    ISBN 3-89821-618-7

2   *Michael Frings*
    Mehrsprachigkeit und Romanische Sprachwissenschaft an Gymnasien?
    Eine Studie zum modernen Französisch-, Italienisch- und Spanischunterricht
    ISBN 3-89821-652-7

3   *Jochen Willwer*
    Die europäische Charta der Regional- und Minderheitensprachen in der Sprachpolitik
    Frankreichs und der Schweiz
    ISBN 3-89821-667-5

4   *Michael Frings (ed.)*
    Sprachwissenschaftliche Projekte für den Französisch- und Spanischunterricht
    ISBN 3-89821-651-9

5   *Johannes Kramer*
    Lateinisch-romanische Wortgeschichten
    Herausgegeben von Michael Frings als Festgabe für Johannes Kramer zum 60. Geburtstag
    ISBN 3-89821-660-8

6   *Judith Dauster*
    Früher Fremdsprachenunterricht Französisch
    Möglichkeiten und Grenzen der Analyse von Lerneräußerungen und Lehr-Lern-Interaktion
    ISBN 3-89821-744-2

7   *Heide Schrader*
    Medien im Französisch- und Spanischunterricht
    ISBN 978-3-89821-772-9

8   *Andre Klump*
    „Trajectoires du changement linguistique"
    Zum Phänomen der Grammatikalisierung im Französischen
    ISBN 978-3-89821-771-2

9   *Alfred Toth*
    Historische Lautlehre der Mundarten von La Plié da Fodom (Pieve di Livinallongo,
    Buchenstein) und Col (Colle Santa Lucia), Provincia di Belluno unter Berücksichtigung der
    Mundarten von Laste, Rocca Piétore, Selva di Cadore und Alleghe
    ISBN 978-3-89821-767-5

10   Bettina Bosold-DasGupta und Andre Klump (edd.)
     Romanistik in Schule und Universität
     Akten des Diskussionsforums „Romanistik und Lehrerausbildung: Zur Ausrichtung und
     Gewichtung von Didaktik und Fachwissenschaften in den Lehramtsstudiengängen
     Französisch, Italienisch und Spanisch" an der Johannes Gutenberg-Universität Mainz
     (28. Oktober 2006)
     ISBN 978-3-89821-802-3

11   Dante Alighieri
     De vulgari eloquentia
     mit der italienischen Übersetzung von Gian Giorgio Trissino (1529)
     Deutsche Übersetzung von Michael Frings und Johannes Kramer
     ISBN 978-3-89821-710-1

12   Stefanie Goldschmitt
     Französische Modalverben in deontischem und epistemischem Gebrauch
     ISBN 978-3-89821-826-9

13   Maria Iliescu
     Pan- und Raetoromanica
     Von Lissabon bis Bukarest, von Disentis bis Udine
     ISBN 978-3-89821-765-1

14   Christiane Fäcke, Walburga Hülk und Franz-Josef Klein (edd.)
     Multiethnizität, Migration und Mehrsprachigkeit
     Festschrift zum 65. Geburtstag von Adelheid Schumann
     ISBN 978-3-89821-848-1

15   Dan Munteanu Colán
     La posición del catalán en la Romania según su léxico latino patrimonial
     ISBN 978-3-89821-854-2

16   Johannes Kramer
     Italienische Ortsnamen in Südtirol. La toponomastica italiana dell'Alto Adige
     Geschichte – Sprache – Namenpolitik. Storia – lingua – onomastica politica
     ISBN 978-3-89821-858-0

17   Michael Frings und Eva Vetter (edd.)
     Mehrsprachigkeit als Schlüsselkompetenz: Theorie und Praxis in Lehr- und
     Lernkontexten
     Akten zur gleichnamigen Sektion des XXX. Deutschen Romanistentages an der Universität
     Wien (23.-27. September 2007)
     ISBN 978-3-89821-856-6

18   Dieter Gerstmann
     Bibliographie Französisch
     Autoren
     ISBN 978-3-89821-872-6

19 *Serge Vanvolsem e Laura Lepschy*
   Nell'Officina del Dizionario
   Atti del Convegno Internazionale organizzato dall'Istituto Italiano di Cultura
   Lussemburgo, 10 giugno 2006
   ISBN 978-3-89821-921-1

20 *Sandra Maria Meier*
   „È bella, la vita!"
   Pragmatische Funktionen segmentierter Sätze im *italiano parlato*
   ISBN 978-3-89821-935-8

21 *Daniel Reimann*
   Italienischunterricht im 21. Jahrhundert
   Aspekte der Fachdidaktik Italienisch
   ISBN 978-3-89821-942-6

22 *Manfred Overmann*
   Histoire et abécédaire pédagogique du Québec avec des modules multimédia prêts à l'emploi
   Préface de Ingo Kolboom
   ISBN 978-3-89821-966-2 (Paperback)
   ISBN 978-3-89821-968-6 (Hardcover)

23 *Constanze Weth*
   Mehrsprachige Schriftpraktiken in Frankreich
   Eine ethnographische und linguistische Untersuchung zum Umgang mehrsprachiger Grundschüler mit Schrift
   ISBN 978-3-89821-969-3

24 *Sabine Klaeger und Britta Thörle (edd.)*
   Sprache(n), Identität, Gesellschaft
   Eine Festschrift für Christine Bierbach
   ISBN 978-3-89821-904-4

25 *Eva Leitzke-Ungerer (ed.)*
   Film im Fremdsprachenunterricht
   Literarische Stoffe, interkulturelle Ziele, mediale Wirkung
   ISBN 978-3-89821-925-9

26 *Raúl Sánchez Prieto*
   El presente y futuro en español y alemán
   ISBN 978-3-8382-0068-2

Abonnement

Hiermit abonniere ich die Reihe **Romanische Sprachen und ihre Didaktik** (RomSD) **(ISSN 1862-2909)**, herausgegeben von Michael Frings und Andre Klump,

❏ ab Band # 1
❏ ab Band # ___
  ❏ Außerdem bestelle ich folgende der bereits erschienenen Bände:
  #___, ___, ___, ___, ___, ___, ___, ___, ___, ___, ___

❏ ab der nächsten Neuerscheinung
  ❏ Außerdem bestelle ich folgende der bereits erschienenen Bände:
  #___, ___, ___, ___, ___, ___, ___, ___, ___, ___, ___

❏ 1 Ausgabe pro Band   ODER   ❏ ___ Ausgaben pro Band

Bitte senden Sie meine Bücher zur versandkostenfreien Lieferung innerhalb Deutschlands an folgende Anschrift:

Vorname, Name: _____

Straße, Hausnr.: _____

PLZ, Ort: _____

Tel. (für Rückfragen): _____ *Datum, Unterschrift:* _____

Zahlungsart

❏ *ich möchte per Rechnung zahlen*

❏ *ich möchte per Lastschrift zahlen*

bei Zahlung per Lastschrift bitte ausfüllen:

Kontoinhaber: _____

Kreditinstitut: _____

Kontonummer: _____ Bankleitzahl: _____

Hiermit ermächtige ich jederzeit widerruflich den *ibidem*-Verlag, die fälligen Zahlungen für mein Abonnement der Reihe **Romanische Sprachen und ihre Didaktik** (RomSD) von meinem oben genannten Konto per Lastschrift abzubuchen.

Datum, Unterschrift: _____

Abonnementformular entweder **per Fax** senden an: **0511 / 262 2201** oder 0711 / 800 1889
oder als **Brief** an: *ibidem*-Verlag, Julius-Leber Weg 11, 30457 Hannover oder
als **e-mail** an: **ibidem@ibidem-verlag.de**

***ibidem*-Verlag**

Melchiorstr. 15

D-70439 Stuttgart

info@ibidem-verlag.de

www.ibidem-verlag.de
www.ibidem.eu
www.edition-noema.de
www.autorenbetreuung.de

www.ingramcontent.com/pod-product-compliance
Lightning Source LLC
Chambersburg PA
CBHW051812230426
43672CB00012B/2709